Grund · Geiseln für Cäsar

Josef Carl Grund

Geiseln für Cäsar

Eine Erzählung aus dem alten Rom

Zeichnungen von Werner Blaebst

Loewe

CIP-Titelaufnahme der Deutschen Bibliothek

Grund, Josef Carl:
Geiseln für Cäsar: e. Erzählung aus
d. alten Rom/Josef Carl Grund.
Zeichn. von Werner Blaebst.
4. Aufl. - Bindlach: Loewe 1991
ISBN 3-7855-1986-9

ISBN 3-7855-1986-9 - 4. Auflage 1991

Satz: Fotosatz Glücker, Würzburg
Gesamtherstellung: Wiener Verlag, Himberg bei Wien
Printed in Austria

Inhalt

Zur Sache

Die folgende Geschichte spielt zwischen 52 und 44 vor Christus in Rom. „52 vor Christi Geburt besiegte der römische Feldherr Gaius Julius Cäsar den Gallierfürsten Vercingetorix“, heißt es in vielen Geschichtsbüchern – als ob die beiden allein gegeneinander gekämpft hätten.

Hinter (oder besser *vor*) ihnen rannten Tausende Männer in den Tod auf den Schlachtfeldern. Die Geschichtsschreiber nennen sie als Zahlen. Von zwanzig-, vierzig- und noch mehr tausend „Gefallenen“ werden heutzutage wenige Leser berührt. Zahlen sind anonym und keine Schicksale.

Deshalb nenne ich Namen, die kaum ein Geschichtsbuch vermeldet, denn mich bewegt vor allem das Leben der kleinen Leute, die immer wieder auslöffeln müssen, was „Große“ ihnen eingebrockt haben.

Cäsars Rom, in dem sich mehr als eine Million Römer zusammendrängten, ist gar nicht so weit von uns entfernt. „In zweitausend Jahren haben wir nichts dazugelernt“, behauptet ein Philosoph unserer Zeit. Ich schwäche ab und sage: „*Kaum* etwas.“ Das ist beschämend genug.

Erkämpfte „Weltreiche“, lehrt die Geschichte, überdauern nur kurze Zeit; ewig bleibt das Leid derer, die für den Ehrgeiz der Herrschenden bezahlen müssen.

Heute wie damals.

„Happy ends“ gibt und gab es da kaum. Seit eh und je sehen sogenannte einfache Menschen ein bescheidenes „kleines Glück“ als Segen der Himmlischen an. Nicht selten erwächst dieses Glück aus dem Opfer für andere ...

Intensive Forschungsarbeit, Teilnahme an Ausgrabungen, Besuche von Museen und Ruinenstätten und vor allem das Studium lateinischer Schriften ermöglichten es mir, mich in die Vergangenheit zurückzuversetzen.

So überliefere ich vieles nach authentischen Berichten. Auch die Schicksale meiner Hauptpersonen sind nicht nur Phantasie. Römische, griechische, keltische und ägyptische Legenden und Sagen leisteten mir genauso wertvolle Hilfe wie „hieb- und stichfeste Fakten“.

Josef Carl Grund

Die Hauptpersonen

a) Römer:

Publius Cornelius Capito, genannt „PCC“, Senator
Tiberia Verena, seine Gemahlin
Livius Felix, Sohn eines hohen Offiziers

b) Gallier:

Cyran, von PCC „Ciranus“ genannt, Geisel für Cäsar
Eins (lateinisch „Primus“), ehemaliger Offizier
Zwei (Secundus)
Drei (Tertius)
Vier (Quartus)
Fünf (Quintus)
entlaufene Gladiatoren

c) Ägypter:

Herat
Tanit
ägyptische Mädchen, Geiseln für Cäsar
Tothmes, ein Magier

d) Griechen

Aristoteles, arbeitsloser Lehrer und Philosoph

Anmerkung: Die „Großen“ (wie der Feldherr Cäsar, Fürst Vercingetorix und die Königin Kleopatra) spielen in dieser Geschichte zwar entscheidend, aber nur im Hintergrund mit.

Der Dolch

„Beweg dich nicht, Bürschchen!" zischte eine Stimme in schauderhaftem Latein.

„Dreh dich nicht um!" drohte eine zweite.

Cyran, den die Römer Ciranus nannten, fühlte die Spitze eines Dolches im Rücken und stand reglos.

„Brav", höhnten drei oder vier Stimmen zusammen, und eine fuhr fort: „Wenn du hübsch artig bist, lassen wir dich am Leben."

Da klirrten Marschtritte heran. Metall schlug gegen Metall.

Soldaten! durchfuhr es Cyran. Blitzschnell griff er nach seinem Zierdolch und öffnete den Mund zum Schrei.

Da traf ihn ein Hieb, und es wurde dunkel um ihn . . .

Die Streife, vier Legionäre unter dem Kommando eines Decurio, kam zu spät. Die Gasse lag wie leergefegt.

„He, Decurio!" rief einer der Legionäre. „Da liegt was!"

„Halt!" kommandierte der Streifenführer.

Es klirrte, die Legionäre standen wie Ausrufezeichen.

„Steeeeeeht – bequemmm!"

Die Legionäre setzten den linken Fuß vor, stießen die Speerschäfte auf den Boden und ließen die Schilde baumeln.

„Wo liegt was?!" schnarrte der Decurio.

Der Legionär, der es entdeckt hatte, deutete auf einen Haufen Unrat, den Anwohner auf die Gasse geworfen hatten. Auf halbverfaulten Gemüseresten, Fischgräten, verdorbenem Obst und übelriechenden Eingeweiden lag ein Dolch.

Der Decurio hob ihn auf. „Eine Zierwaffe", stellte er fest.

Die Legionäre grinsten.

„Aber so viel wert, wie ihr Idioten euch alle zusammen nicht vorstellen könnt", fuhr der Decurio fort.

Die Legionäre grinsten nicht mehr.

Der Decurio untersuchte die Waffe ganz genau und pfiff durch die Zähne. „Bei Jupiter, ist das ein Glück!" rief er und fuchtelte den Legionären mit dem Dolch vor der Nase herum. „Das Ding da ist ein Geschenk des Senators Publius Cornelius Capito an einen besonderen Freund. Die Anfangsbuchstaben PCC sind in den Griff eingraviert." Der Decurio lachte. „Ich weiß vom Centurio, daß PCC nur sieben solcher Dolche verschenkt hat, weil die Sieben seine Glückszahl ist, und daß sich keiner der Beschenkten freiwillig von so einem kostbaren Messerchen trennt. In unserem Fall ergeben sich zwei Möglichkeiten: Entweder hat der Freund des Senators diesen Dolch verloren, oder er wurde ihm bei einem Überfall aus der Hand geschlagen."

Der Decurio klopfte dem Finder-Legionär auf die Schulter. „Du bist ein Glückspilz", sagte er augenzwinkernd. „PCC ist nämlich unheimlich reich und belohnt jeden Freundschaftsdienst fürstlich. Wenn ich ihm den Dolch da zurückbringe, wird er mir nicht nur den Wert der Waffe bezahlen, sondern senatorischen Finderlohn dazu."

Ich bin kein Glückspilz, sondern ein Rindvieh, dachte der Finder-Legionär. Wenn ich den Dolch bloß eingesteckt hätte!

Weiter kam er nicht in seinen Gedanken. Der Decurio versprach ihm eine Amphore voll Wein, „von wegen deiner Ehrlichkeit und meiner Kameradschaftlichkeit einem ehrlichen Finder gegenüber", sagte er gönnerhaft.

Der ehrliche Finder biß die Zähne zusammen und dachte Undankbares.

Der Decurio steckte den kostbaren Dolch in seinen Gürtel, kommandierte Abmarsch, und die Streife klirrte davon ...

Dies geschah in der Abenddämmerung, an einem ganz gewöhnlichen Wochentag in der Weltstadt Rom; zur Zeit, die wir Heutigen 48 vor Christus nennen.

Der berühmteste Mann war damals der Feldherr Gaius Julius Cäsar. Mit seinen Legionen hatte er den Römern die Herrschaft über Länder und Staaten rund um das Mittelmeer erkämpft und gesichert, bis nach Gallien (dem heutigen Frankreich) hinauf.

Aus Gallien kam Cyran, den die Römer Ciranus nannten, als Cäsars Geisel nach Rom.

Der Senator Publius Cornelius Capito bürgte für ihn. PCC war Cäsars Freund; doch wehe ihm, wenn Cyran etwas zugestoßen wäre! Cyran war jetzt sechzehn Jahre alt und für Cäsar sehr wichtig. Deswegen hatte ihm Capito einen seiner berühmten Dolche geschenkt. Als Ausweis gewissermaßen. Ein Capito-Dolch garantierte jedem Finder reiche Belohnung. Das wußten alle in Rom, die hören und lesen konnten. Der Senator hatte es oft genug ausrufen und niederschreiben lassen.

Für Capito-Dolche interessierten sich auch Räuber und Diebe.

Verbrecherbanden gab es jetzt viele in Rom, denn Cäsar war die meiste Zeit über anderweitig beschäftigt. Bald kämpfte er gegen Piraten, bald gegen Aufständische in eroberten Gebieten. Und da er nicht gleichzeitig überall sein konnte, hatte lichtscheues Gesindel in der Hauptstadt gute Zeiten . . .

Einen PCC-Dolch in der Abenddämmerung zu finden, war ein ganz besonderer Glücksfall. Da konnte man ihn dem Senator vor dem Nachtessen überreichen, und PCC war noch nicht allzu müde. Da würde die Belohnung um so höher ausfallen.

Dachte der Decurio.

Die letzte Wegstrecke ließ er seine Legionäre im Laufschritt zurücklegen. Dann scheuchte er sie in die Kaserne und rannte allein zu Capitos Villa. Den Dolch drückte er fest an sich. Er bedeutete Reichtum für einen kleinen Unteroffizier, der in Cäsars Armee lächerliche fünf bis zehn Mann befehligte und mit seinem mageren Sold nicht einmal heiraten konnte. Dabei war Sabina ein so hübsches Mädchen und – leider! – genauso bettelarm wie er. Doch nun würde der Dolch ihnen Glück bringen!

Der Decurio lachte vergnügt, sah ein vernarbtes Gesicht, stolperte über ein ausgestrecktes Bein, fiel, spürte einen Schlag im Genick und verlor das Bewußtsein.

Eins, Zwei, Drei, Vier, Fünf

Als Cyran erwachte, hörte er Gemurmel, atmete stechenden Rauch ein und hatte Mühe, die Augen zu öffnen. Undeutlich sah er rötlichgelben Schimmer. Als er sich aufzurichten versuchte, raschelte Stroh. Er stöhnte, schloß die Augen und sank zurück.

Das Gemurmel wurde stärker. Cyran glaubte, *keltische* Worte zu hören, wie sie in seiner Heimat gesprochen wurden, weit oben im nördlichen Gallien. Ich bin verrückt, dachte er und war erleichtert, daß er denken konnte. Mit einem Ruck richtete er sich auf, spürte Stroh im Gesicht und öffnete die Augen.

„Na also“, sagte ein Mann im schönsten Latein, das in Rom gesprochen wurde, „da bist du ja wieder. Ich denke, daß du vernünftig sein wirst.“

Cyran blinzelte angestrengt.

Da war qualmendes Fackellicht, das zum Husten reizte; da war ein Kellergewölbe ohne Fenster; da saß er auf Stroh, und fünf Männer standen vor ihm.

Verwegene Kerle in fadenscheinigen Tuniken und dunklen Mänteln. Einer trug eine Toga mit ausgebleichtem Purpursaum, anscheinend war er der Anführer. An abgewetzten Gürteln baumelten Kurzschwerter.

„Ich – danke euch, daß ihr mich – befreit habt“, murmelte Cyran.

Die Männer lachten schallend. Ihr Gelächter brach sich verzerrt im Gewölbe.

Der Mann in der purpurgesäumten Toga winkte ab, und das Lachen erstarb. „Du irrst, Römer“, sagte er im Latein der Vornehmen. „Wir haben dich nicht befreit, sondern gefangengenommen.“

Cyran schnellte auf und griff nach seinem Dolch; aber der hing nicht mehr am Gürtel.

Wieder lachten die Kerle. „Ein Herrensöhnchen mit Mut“, spottete einer, packte Cyran und fuhr ihn an: „Wer bist du?!“

„Ein Gallier“, keuchte Cyran in der keltischen Mundart seiner Heimat. „Und wer seid ihr?“

Die Kerle stutzten, dann schrien sie durcheinander, daß der Keller dröhnte. „Sag das noch einmal!“ rief der Mann mit dem Purpursaum. „Sag noch einmal, daß du Gallier bist!“ Er rief es in keltischer Sprache.

„Hört auf!“ brüllte Cyran in den Lärm hinein. „Oder Dispater soll euch die Mäuler stopfen!“ Dispater war der keltische Totengott, er nahm den Verstorbenen die Sprache.

Die Kerle verstummten. Ihr Anführer riß eine Fackel aus der Wand und leuchtete dem Gefangenen ins Gesicht. „Wie heißt du?“

„Cyran“, sagte der Junge.

„Cyran?!“ riefen die Männer.

„Der Sohn des Fürsten Tac, der ein Freund des Arvernerfürsten Vercingetorix ist?“ lauerte der Anführer.

Cyran nickte. „So ist es. Auch du bist kein Römer. Wer bist *du*, und wer sind deine Männer?“

„Du trägst die purpurgesäumte Tunika eines vornehmen römischen Knaben“, fragte der Anführer dagegen. „Wie kommst du dazu?“

„Purpur gebührt den Vornehmen“, antwortete Cyran. „Tac ist ein Fürst im keltischen Land, ich bin sein Sohn. Der Eroberer Cäsar gestand mir den römischen Purpur zu, als er meinen Vater zwang, mich als Geisel nach Rom zu schicken.“

„Als Geisel?“ riefen die Männer.

„Erzähl“, befahl der Anführer, stieß die Fackel in den Eisenring zurück und gab seinen Kumpanen ein Zeichen. Sie setzten sich vor Cyran ins Stroh und lauerten gespannt.

Auch Cyran und der Anführer setzten sich. „Wer seid ihr wirklich?“ fragte Cyran. „Bevor ich erzähle, möchte ich wissen, wie ihr heißt. Mein Vater schärfte mir ein, mich nie einem Namenlosen anzuvertrauen. Also, wie heißt ihr?“

Die Männer guckten auf den Anführer. Dieser nickte und antwortete wieder in keltischer Sprache: „Ich bin Eins; meine Leute hier“, er wies auf einen nach dem anderen, „sind Zwei, Drei, Vier und Fünf. Für die Römer heißen wir Primus, Secundus, Tertius, Quartus und Quintus, was der Erste, Zweite, Dritte, Vierte und Fünfte bedeutet.“

Cyran winkte ab. „Das weiß ich. Schon im Hause meines Vaters mußte ich die Sprache der Römer lernen. In den vier Jahren, die ich in Rom lebe, lernte ich sie fließend sprechen. Aber Eins bis Fünf sind ja wohl nur Decknamen. Wie heißt ihr tatsächlich?“

„Die Decknamen genügen“, erklärte der Anführer. „Unsere gallischen Namen haben wir abgelegt und vergessen. Sollte einer von uns gefangengenommen werden, wird er sich daran nicht einmal unter der Folter erinnern. Und nun berichte von dir!“

Das war ein Befehl. Cyran fügte sich und erzählte.

Die Männer hörten ihm zu.

Cyran *konnte* erzählen. Er schlug sogar den Anführer Eins in seinen Bann.

Vergangenes wurde Gegenwart.

Der Anfang lag Jahre zurück . . .

Cyran, Herat und Tanit

Cäsars Legionen haben das keltische Land zwischen dem Mittelmeer, der Nordsee und dem Atlantik erobert und zur römischen Provinz Gallien gemacht.

Da flammt Widerstand gegen die Fremdherrschaft auf. Im Arvernerfürsten Vercingetorix haben die gallischen Stämme einen klugen und tapferen Anführer gefunden. Unter seinem Kommando besiegen sie Cäsars Truppen 701 Jahre nach der Gründung Roms (im Jahre 52 vor Christus, sagen wir heute) bei Gergovia, werden jedoch im gleichen Jahr in der Schlacht bei Alesia vernichtend geschlagen. Vercingetorix ergibt sich und nimmt alle Schuld auf sich allein. Cäsar läßt ihn nach Rom bringen und in den Kerker werfen. Viele tausend kriegsgefangene Gallier, gallische Frauen und Kinder werden als „Beutegut“ auf römischen Sklavenmärkten verkauft.

Cäsar will noch sicherer gehen.

Er nimmt Geiseln.

Gallische Fürsten werden gezwungen, ihre Söhne und Töchter nach Rom zu schicken, „damit sie dort erzogen werden“. So heißt es amtlich. In Wirklichkeit bürgen die Jungen und Mädchen dem großen Cäsar für die Treue ihrer Stämme. Sollten die Besiegten sich abermals gegen die Römerherrschaft auflehnen, würden ihre Söhne und Töchter ohne Gnade und Erbarmen hingerichtet.

Eine dieser Geiseln ist Cyran, der einzige Sohn des Fürsten Tac. Als Zwölfjähriger wird er nach Rom verschleppt. Beim Abschied von zu Hause beißt er die Zähne zusammen. Die Mutter streicht ihm übers Haar, der Vater klopft ihm auf die Schulter, der Druide segnet ihn im Namen des Stammesgottes Belenus.

Hundert Legionäre unter dem Kommando eines Centurio bringen Cyran und elf andere Geiseln in die römische Hauptstadt. Hundert schwerbewaffnete Krieger für zehn gallische Knaben und zwei gallische Mädchen. Cäsar ist vorsichtig, er rechnet mit Befreiungsversuchen.

In Rom werden die Geiseln auf verschiedene Häuser verteilt. Cyran kommt zu Publius Cornelius Capito, einem reichen Senator, der zu Cäsars Freunden zählt. „PCC“, so nennen ihn die Leute in Rom, hat dem mächtigen Feldherrn viel Geld gegeben, damit dieser seine Soldaten bezahlen und einflußreiche Männer bestechen kann.

Eines Tages, hofft PCC, wird sich Gaius Julius Cäsar mit Hilfe seiner Legionäre und Freunde zum Alleinherrscher aufwerfen und als „Imperator“ das Römische Reich regieren. Dann wird er, der freigebige Senator, ein hohes Staatsamt erhalten und – vielleicht als Statthalter einer reichen eroberten Provinz – an Steuergeldern das Zwanzigfache von dem verdienen, was er Cäsar spendiert hat.

PCC ist knapp vierzig Jahre alt und hat Senatorenspeck angesetzt. Tiberia Verena, seine Gemahlin, stöhnt ebenfalls unter Übergewicht. Sie bewohnen eine geräumige Villa am Rande der Stadt Rom. Die Villa liegt in einem weitgedehnten, von einer Mauer eingefriedeten Park. Eine Schar bezahlter Angestellter und unbezahlter Sklaven kümmert sich um das Wohl der Herrschaft, um Ordnung, Sauberkeit und Sicherheit in Villa und Park.

Die Zeiten sind gefährlich. In Rom wimmelt es von Dieben, Räubern, Entführern und Revolutionären.

Raub, Mord und Totschlag sind an der Tages- und vor allem an der Nachtordnung. Die Polizei ist nahezu machtlos im unübersichtlichen Gewirr der engen und düsteren Straßen und Gassen.

PCC und seine Gemahlin werden von Leibwächtern begleitet, sobald sie die Villa verlassen.

Ausgerechnet in dieser unsicheren Zeit mußte Cäsar ihnen den gallischen Jungen ins Haus schicken!

„Lieber Freund Capito", hat der Feldherr dem Senator geschrieben, „Du bürgst mir mit Deinem Leben und Deinem Besitz für Leben und Sicherheit des Fürstensohnes, bis ich ihn von Dir zurückfordere."

Capito begreift. Und weil er einiges über die Erziehung junger Menschen gelesen hat, versucht er es bei Cyran mit Freundlichkeit. Er schlägt dem Jungen vor, ihn, den Senator, als Adoptivvater zu betrachten.

Cyran ist einverstanden – und denkt an Flucht. Er hat schreckliches Heimweh.

PCC errät seine Gedanken. „Möchtest du gerne sterben?" fragt er freundlich.

„Aber nein", antwortet Cyran allzu rasch.

PCC streicht ihm übers Haar. „Na siehst du, mein Lieber – ich nämlich auch nicht."

Warum sagt er das? denkt Cyran.

Ohne daß er fragt, erklärt es ihm der Senator: „Falls du mir entwischen solltest, würde Cäsar mich töten, meinen Besitz beschlagnahmen und meine Gattin als Bettlerin davonjagen lassen. Er hat die Macht dazu."

Cyran beißt die Zähne zusammen und schweigt.

PCC fährt fort: „Ich bin sicher, daß du mich bald als Vater und meine Gemahlin als Mutter annehmen wirst. Du wirst es gut bei uns haben. Du darfst den Sklaven Befehle erteilen und die Tunika vornehmer römischer Knaben tragen. Sobald ich dich als Sohn gewonnen habe, werde ich dir den Dolch überreichen, der dich als meinen besonderen Freund ausweist. – Nun?"

PCC und die Domina Tiberia Verena mustern den gallischen Jungen gespannt.

Cyran schweigt noch immer.

Tiberia Verena stampft ungeduldig auf. „So etwas Halsstarriges!“ zischt sie zornig.

Auch der Senator ist nicht mehr so freundlich wie bisher. „Hör zu“, warnt er eindringlich. „Auf meinen Landgütern arbeiten fünf kriegsgefangene Gallier als Sklaven. Sie werden getötet, wenn du fliehst. Noch heute gebe ich den Befehl dazu an meine Aufseher.“

„Wir werden dich Ciranus nennen“, sagt die Domina kalt. „Ich mag keine gallischen Namen.“

Cyran bleibt stumm.

PCC schlägt einen Gong.

Zwei Sklaven bringen Cyran in das Zimmer, das ihm von nun an Wohnung und Gefängnis zugleich ist. Es ist nicht versperrt, die Fenster sind nicht vergittert. Wozu auch? Fünf gallische Sklaven sind sichere Fesseln . . .

Je länger er nachdenkt, desto deutlicher erkennt Cyran, daß Trotz und Widerstand in seiner Lage nicht nur sinnlos, sondern auch gefährlich sind, zumindest in der ersten Zeit.

Er verstellt sich und beobachtet genau. Er sieht mit scharfen Augen, hört mit wachen Ohren und lernt verbissen. Seine Lehrer loben ihn in den höchsten Tönen. Schon nach einem Jahr bewegt er sich wie ein echter Römer der Oberschicht und bemüht sich, auch die letzten keltischen Anklänge aus seinem Latein zu verdrängen.

Er freundet sich mit vornehmen römischen Jungen an, die „den Adoptivsohn des Senators Capito“ als „gleichwertig“ anerkennen. In manchem ist er ihnen über, vor allem im Reiten auf ungesatteltem Pferd. Das hat er in Gallien gelernt.

Publius Cornelius Capito überreicht seinem „geliebten Sohn Ciranus“ an dessen fünfzehntem Geburtstag den PCC-Dolch . . .

Acht Monate später kommen neue Geiseln ins Haus: Herat und Tanit, zwei Mädchen aus Ägypten. Herat ist dreizehndreiviertel, Tanit knapp elf Jahre alt. Sie sind, wie Cyran, Geiseln für Cäsar.

Gaius Julius Cäsar hat die Prinzessin Kleopatra mit seinen Truppen im Streit um den ägyptischen Pharaonenthron unterstützt und zur Königin gemacht. Seitdem ist er in engster Freundschaft mit ihr verbunden. Trotzdem hat er die Mädchen nach Rom bringen lassen. Er traut nicht einmal der Königin, die er liebt. Herat und Tanit garantieren ihm, daß sich Kleopatra mit keinem Herrscher verbündet, der dem Römischen Reiche schaden könnte. Sie bürgen Cäsar auch für die Liebe und Treue der jungen Königin.

Die Mädchen stammen aus ägyptischen Fürstenfamilien. Sie verstehen nur wenig Latein und erschrecken vor schweren Tritten. In Alexandria, wo sie zu Hause waren, ging es fast lautlos zu. Diener und Sklaven huschten auf leisen Sohlen durch die Paläste der Vornehmen, und Besucher dämpften die Stimmen, wenn sie dem Hausherrn und dessen Gemahlin entgegentraten.

Die vertrauten Erzieher und Sklaven, die Herat und Tanit nach Rom begleitet haben, verschwinden. Erst viel später erfahren die Mädchen, daß ihre Lehrer nach Ägypten zurückgesegelt, die Sklaven auf Capitos Güter verteilt worden sind.

Die Domina Tiberia Verena übernimmt die Verantwortung für Tanit und Herat. Sie bestimmt ihnen Freigelassene, die Latein und Ägyptisch gleich gut beherrschen, zu Lehrern. Verbindung mit daheim gibt es nicht. Boten aus Ägypten werden genauso abgefangen wie Reiter mit Geheimnachrichten, die Fürst Tac aus Gallien schickt. Cäsars Spione sind tüchtig. Die Abgefangenen verschwinden spurlos. Das verrät PCC während eines Gastmahls befreundeten Senatoren. Keiner merkt, daß Cyran heimlich zuhört . . .

Cyran schmiedet Fluchtpläne für sich und die fünf Sklaven, die für ihn sterben müßten. Immer wieder muß er sich eingestehen, daß seine Pläne kindisch sind. Er erkennt, daß er Verbündete braucht, je mehr, desto besser. Und *mächtige* Verbündete müssen es sein; keine Sklaven, die wegen des geringsten Aufmuckens ans Kreuz geschlagen werden.

Herat und Tanit will er sich nicht anvertrauen. Sie sind ohnmächtig wie er und außerdem Mädchen. Er redet sich ein, daß er von Mädchen nichts hält – und bewundert Herat schon nach kurzer Zeit. Sie sieht älter aus, als sie ist. Ihre Augen sind schwarz wie ihr Haar, und ihre Bewegungen verzaubern den gallischen Jungen immer mehr.

Cyran verehrt sie aus der Ferne; er scheut sich davor, sie anzusprechen. Da kommt sie ihm entgegen. Sie bittet ihn, ihr beim Erlernen der Römersprache zu helfen. Cyran tut es nur zu gern. Daß Tanit dann fast immer dabei ist, stört ihn mächtig, aber er läßt es sich nicht anmerken.

Die Mädchen gestehen ihm, daß sie Heimweh nach Ägypten haben; nach der Weltstadt Alexandria und dem heiligen Nil, besonders aber nach Vater und Mutter, die beim Abschied geweint haben.

Nach der jungen, strahlenden Königin Kleopatra sehnen sie sich nicht. Die würde sie nach Rom zurückschikken, wenn ihnen die Flucht nach Ägypten gelänge.

Obzwar es PCC und die Domina Tiberia Verena gar nicht gerne sehen, finden Cyran und Herat immer häufiger Gelegenheit, miteinander zu reden. Je öfter sie es tun, desto mehr schwindet die Scheu.

Eines Tages kommen sie im Park der Villa zusammen, und Cyran sagt: „Ich mag dich."

„Ich dich auch", gesteht Herat und nimmt seine Hände.

Sie sehen einander an und sagen nichts mehr.

„Seid ihr verliebt?" fragt Tanit, die wieder einmal im ungünstigsten Augenblick dazwischenkommt.

„Verschwinde!" faucht Herat wütend.

„Ich weiß nicht, was Cyran an dir findet“, spottet Tanit und läuft davon.

„Ein seltsames Mädchen“, meint Cyran, nur um etwas zu reden.

„Sie mag dich auch und ist eifersüchtig“, sagt Herat.

Cyran lacht. „Dieses Küken?“

Herat schüttelt den Kopf. „Küken, Cyran? In ägyptischen Fürstenhäusern werden Mädchen ihres Alters verheiratet.“

Cyran hört es verwundert ...

In der folgenden Zeit schließen er und Herat sich immer enger zusammen. Wenn sie sich unbeobachtet glauben, schmieden sie gemeinsame Fluchtpläne. Die Pläne wären gut, wenn es keine römischen Aufpasser, keine Königin Kleopatra und keine armen Teufel gäbe, die für das Entkommen der Geiseln sterben müßten: für Cyran fünf gallische, für Herat und Tanit zehn ägyptische Sklaven ...

Dann kommt es zu dem Zwischenfall mit Livius Felix, dem einzigen Sohn des höchsten Offiziers in Cäsars Generalstab. Livius Felix ist ein Jahr älter als Cyran. Beide verehren das Mädchen Herat, deshalb mag einer den anderen nicht. Der Vater des Livius Felix und Senator Capito sind Freunde.

Der Zwischenfall spielt sich im Park von PCCs Villa ab. Wieder einmal ist Livius Felix zu Besuch gekommen, nicht des Senators, sondern Herats wegen. Er sieht sie bei den Oleanderbüschen stehen, neben dem Fischteich, in dem PCC Muränen züchtet. Sie sind gefährlich, aber sie schmecken vorzüglich.

Und mit wem steht Herat zusammen? Schon wieder mit diesem Ciranus!

Livius Felix sieht rot. Er läuft zu den beiden und herrscht Cyran an: „Laß die Finger von Herat, du gallischer Lümmel!“ Wütend packt er Cyran an den Armen, reißt ihn von dem Mädchen weg, spürt einen Hieb am Kinn und stürzt kopfüber ins Wasser. Er hört das Gelächter der Sklaven und, was viel schlimmer ist, Herats spöttisches Lachen. Fluchend kriecht er aus dem Fischteich, schüttelt im letzten Augenblick zwei Muränen ab, droht den Sklaven mit geballten Fäusten und schwört „dem gallischen Hundesohn“, es ihm heimzuzahlen.

Na wenn schon, denkt Cyran ...

... und versucht bei jeder Gelegenheit, seinen Bewachern zu entwischen.

So auch heute.

Er ist in die Subura gegangen, in das unsicherste Viertel der Stadt Rom. In den engen, verwinkelten Gassen hausen nicht nur Handwerker, Musikanten, Schauspieler und Wirte, die es faustdick hinter den Ohren haben, sondern auch Diebe, Räuber und andere Spitzbuben. Auch Verschwörer gegen Cäsar und dessen Freunde haben da ihre Schlupfwinkel. Verschwörer sind Römer, Ägypter, Griechen, Gallier, Noriker, Germanen, Iberer, Afrikaner und Angehörige weiterer Stämme und Völker, die unter römische Herrschaft gezwungen wurden. Hier sucht Cyran Verbündete für seine Fluchtpläne. Ein Gallier, der Waffen gegen Cäsar schmuggelt, soll da wohnen, hat er von einem Sklaven des PCC erfahren. Das ist ein Fingerzeig.

Cyran macht einen „Nachmittagsspaziergang“, wird von zwei Aufpassern des Senators begleitet, schüttelt sie ab, wird überfallen, niedergeschlagen – und erwacht in einem Keller auf Stroh.

Der Armreif

Als Cyran geendet hatte, war Schweigen im Keller. Das Knistern der Fackeln klang gespenstisch.

„Wir haben den Dolch nicht“, sagte Eins nach einer Weile.

„Welchen Dolch?“ fragten Zwei, Drei, Vier und Fünf.

„Den Dolch des PCC“, antwortete Eins. „Daß wir Cyran in unserer Gewalt haben, glaubt der Senator nur dann, wenn ihm einer von uns den Dolch bringt.“

„Also seid ihr *doch* Banditen!“ rief Cyran enttäuscht. „Dolch gegen Lösegeld, so ist es doch – oder nicht?! Wenn PCC euch bezahlt hat, schickt ihr mich zu ihm zurück und laßt es euch gutgehen!“ Angewidert spuckte er aus.

Eins hielt die anderen zurück, die sich auf Cyran stürzen wollten, und zu diesem sagte er: „Du redest Unsinn, Sohn des Tac. Wenn wir den Dolch hätten, würden wir als Lösegeld weder Gold noch Silber fordern, sondern die fünf Sklaven, die für deine Flucht sterben müßten. Sobald wir sie in Sicherheit gebracht hätten, würden wir dann dich aus PCCs Villa entführen.“

„Und Herat und Tanit?!“ rief Cyran.

Eins winkte ab. „Immer schön der Reihe nach, mein Junge. Wer alles auf einmal erledigen möchte, dem gelingt gar nichts.“

„Verzeiht“, murmelte Cyran beschämt.

Eins nickte ihm zu. „Schon gut, Kleiner.“

„Schon gut“, brummten die anderen.

Da hatte Cyran eine Idee. „Nehmt meinen Armreif“, sagte er hastig. „Er ist aus keltischem Eisen und trägt das Zeichen meines Vaters eingeschlagen. PCC kennt ihn genau. Bringt ihm den Reif, er wird ihn ebenso anerkennen wie seinen Dolch.“

„Ausgezeichnet“, lobte Eins.

Cyran reichte ihm das Schmuckstück. Eins beauftragte Drei, es dem Senator zu bringen. „Sag ihm, daß er Cyrans Leben nur mit der Freigabe der fünf gallischen Sklaven erkaufen kann. Übergabe heute um Mitternacht an der Straßengabelung Vicus Patricius – Clivius Suburanus."

„Alles klar", sagte Drei. „Und wenn er nicht einverstanden ist?"

„Dann läufst du zu uns zurück", befahl Eins. „Aber schlag Haken, damit du Verfolger abschüttelst."

Drei grinste. „Im Hakenschlagen bin ich Meister."

„Das weiß ich", sagte Eins. „Deshalb schicke ich dich ja. Mach's gut."

Drei lief . . .

Es war dunkel, als er an die Villa des PCC kam, das Tor in der Parkmauer verschlossen. Drei schlug mit dem kupfernen Klopfer dagegen.

„Wer ist da?" fragte jemand.

„Ein Bote", antwortete Drei und griff nach seinem Kurzschwert.

Der Riegel kreischte, das Tor schwang auf. Fackellicht blendete, Drei zwinkerte mit den Augen. Dann erkannte er zwei riesige Bewaffnete, anscheinend Nubier vom Nil. In den Fäusten hielten sie klobige Keulen. „Was bringst du?" grollten sie unfreundlich.

„Botschaft von Ciranus an Publius Cornelius Capito", antwortete Drei ebenso barsch.

„Komm mit", brummte einer der Nubier, der andere nahm Drei das Schwert ab. „Wenn du bei mir lebendig wieder vorbeikommst, kriegst du es wieder", versprach er spöttisch.

Drei verschluckte eine bissige Erwiderung und folgte dem ersten.

Der Senator empfing ihn sofort. Hinter ihm standen zwei Leibwächter mit grimmigen Gesichtern. Sie paßten in das mit kostbaren Mosaiken geschmückte Atrium wie Büffel in einen Pfauengarten.

„Wer bist du?“ fragte der Senator. „Und was bringst du mir?“

„Ich heiße Tertius“, sagte Drei, „und möchte dich unter vier Augen sprechen. Schick deine Totschläger weg, ich tu' dir nichts.“

Die Büffel glotzten ausdruckslos.

„Sie sind meine Freunde“, sagte PCC gemütlich. „Ich habe keine Geheimnisse vor ihnen. Rede, Gallier, bevor sie dich auseinandernehmen. Daß du Gallier bist, verrät mir dein schreckliches Latein. Also raus mit der Sprache.“

Aufreizend langsam zogen die Büffel die Schwerter.

Drei deutete auf die Narben in seinem Gesicht, dann entblößte er Schultern, Brust und Rücken.

„Was soll das?“ brummte PCC. Die Leibwächter glotzten mit noch größeren Augen als vorher.

Der Oberkörper des Galliers war mit Narben übersät. „Die auf der Brust stammen von Waffenhieben, die ich im gallischen Krieg und danach in eurer verdammten römischen Arena empfangen habe“, erklärte Drei trotzig. „Die Striemen hintendrauf sind von Geißelhieben römischer Sklavenaufseher. Die bekam ich verpaßt, bevor ich meinem Sklavenhalter als Gladiator Geld verdiente.“ Er lachte verächtlich. „Da soll ich mich vor den Messerchen deiner Wachhunde fürchten, Senator? Mach dich nicht lächerlich. Mit solchen Scherzen kriegst du Ciranus nie zurück.“

PCC winkte den Wächtern, und sie steckten die Schwerter ein.

„Wo ist Ciranus?!“ fuhr PCC den Gallier an.

„In unserer Gewalt“, erklärte Drei ruhig. „Du bekommst ihn wieder, sobald du . . .“

PCC unterbrach ihn: „Welches Zeichen bringst du mir?“

„Den Armreif“, sagte Drei und zeigte den eisernen Ring.

PCC nahm ihn, betrachtete ihn genau und nickte. „Ja“, sagte er freundlich, „es ist – oder besser *war* – der Armreif meines geliebten Ciranus. Wer ist dein Auftraggeber, Gallier?“

„Primus“, antwortete Drei, „aber davon gibt es viele in Rom. Mit dem Namen allein kannst du nichts anfangen.“

„Was verlangt dieser – Primus von mir?“ erkundigte sich PCC.

„Eine Kleinigkeit“, erwiderte Drei. „Sobald du deine fünf gallischen Sklaven freigelassen hast, bekommst du den Goldjungen wieder.“

„In Ordnung“, sagte PCC gemütlich und zupfte sich an der Nase. Zu spät erkannte Drei, daß dieses Nasezupfen ein Zeichen war.

Schleichende Tritte huschten heran. Als Drei herumwirbelte, fühlte er Nässe auf Mund und Nase, atmete widerliches Zeug ein und verlor die Besinnung ...

Es dauerte lange, bis er wieder zu sich kam. Dann spürte er einen scheußlich bitteren Geschmack im Mund und heftiges Schädelbrummen. Als er sich aufrichten wollte, ging es nicht. Arme und Beine waren angehängt.

Drei zwinkerte mit den Augen und sah gar nichts. Um ihn herum war rabenschwarze Finsternis. „Wo bin ich?“ murmelte er benommen.

„Wo ist Cyran, den die Römer Ciranus nennen?“ fragte eine abgrundtiefe Stimme aus dem Dunkel heraus. Gleichzeitig fühlte Drei, wie etwas Ekliges über sein Gesicht kroch. Eine Tarantel, dachte er und wagte keine Bewegung. Eine dieser gräßlichen Spinnen, deren Biß nicht nur verdammt weh tut, sondern auch die Sinne verwirrt!

„Wo ist Cyran?“ fragte die Stimme noch einmal in ägyptisch gefärbtem Latein.

Drei merkte, daß das Kribbeln in seinem Gesicht nicht von Spinnenbeinen, sondern von Wollfäden herrührte, die ihm jemand über Stirn, Nase, Mund und Wangen zog.

„Wo ist Cyran?!“ dröhnte es zum drittenmal, und das Kribbeln wurde stärker.

„Ich *mag* Spinnen“, spottete Drei. „Sie sind ganz liebe Tierchen und beißen niemanden, der sich nicht bewegen kann.“

Das Kribbeln hörte auf. Ketten klirrten, und Drei war losgebunden. Unheimlich schnell und sicher geschah es, als ob der andere Zauberhände hätte und in der Finsternis sehen könnte.

Drei zog Arme und Beine an, rollte sich ab, plumpste von einer Holzpritsche auf den Fußboden, rappelte sich auf und ...

„Bleib stehen, wo du bist“, sagte die tiefe Stimme. „Wenn du dich auch nur einen einzigen Schritt weit bewegst, öffne ich den Deckel eines Schilfkorbes. Die Schlangen darin sind echt. In Königin Kleopatras Palast stehen einige dieser Körbe. Sie sind reich verziert. Ausländische Gesandte bewundern sie als Schmuckstücke. Ein solches Schmuckstück steht dicht vor dir.“ Die Stimme lachte. „Du mußt wissen, daß es viele verschiedene Arten von Giftschlangen gibt. Mancher Biß wirkt sofort, mancher sehr langsam.“

„Halt's Maul!“ zischte Drei.

„Sei nicht unhöflich, Gallier“, drohte die Stimme. „Ich rate dir, sehr freundlich zu sein. Wir sind nicht zimperlich. Da war zum Beispiel der Straßenräuber, der den Decurio der Legionärsstreife stolpern ließ, niederschlug und dem Bewußtlosen den Dolch des PCC raubte. Diesen Dolch brachte er dem Senator – doch weil der Halunke nichts über Ciranus aussagen konnte, wurde er – nun ja – bearbeitet. Da gestand er den Überfall. Jetzt wartet er auf das Ende, das Straßenräubern gebührt.“

„Na und?“ brummte Drei.

„Der Decurio kam dann ohne Dolch“, fuhr die Stimme fort, „und PCC glaubte ihm seine Geschichte. Allerdings mußte der Arme auf eine Belohnung verzichten, weil er keine Auskunft über Ciranus geben konnte. Da entfernte er sich wütend."

„Na und?" brummte Drei noch einmal.

Die Stimme wurde schneidend. „*Du,* Gallier, hast Cyrans Armreif übergeben und versichert, daß du Bescheid weißt."

„Na und?" knurrte Drei zum drittenmal.

„Du wirst mich zu Cyran führen", befahl die Stimme.

Drei lachte. „Du bist verrückt. Eher fliegt ein ägyptischer Dämon zu gallischen Göttern, bevor ein Gallier einen ägyptischen Feigling, der sich in der Dunkelheit versteckt, zu Cyran bringt!"

Damit hatte er den Nerv des Unsichtbaren getroffen. „Ich bin kein Feigling!" dröhnte es dumpf – und Drei war plötzlich kein Mann mehr, der weder Tod noch Folter fürchtete, sondern ein Bündel voll Entsetzen. Gegen das, was er sah, konnte kein Sterblicher kämpfen, weder mit der Faust noch mit dem Herzen.

Der Raum erzitterte unter einem gewaltigen Donnerschlag, dann flammte grellrotes Feuer auf, das keine Hitze verbreitete – und aus dem kalten Feuer drohte ein Totenschädel mit lebendigen Augen!

Drei stand starr.

Vergebens versuchte er, sich dem Bann der stechenden Augen zu entziehen. Er konnte nicht wegsehen, sosehr er sich auch bemühte. Das kalte Feuer leuchtete verwirrend dazu.

Drei fühlte, wie die furchtbaren Augen ihm Kraft und Willen nahmen. „Führ mich zu Cyran", hörte er – schon im Hinüberdämmern – die tiefe Stimme sagen.

„... zu Cyran", murmelte er müde. Dann wußte er nichts mehr von sich ...

Verschwörer

Im Kellergewölbe erfuhr Cyran, daß er sich unter Verschwörern befand. Nachdem sich die Entführer überzeugt hatten, daß er Gallier war und ähnlich dachte wie sie, ließen sie ihn einen schrecklichen Eid schwören, sie nicht zu verraten.

Dann erfuhr er ihre Absicht: Befreiung des Fürsten Vercingetorix aus Cäsars Kerker.

„Das möchte auch ich!“ rief Cyran. „Wenn ihr mich brauchen könnt, gehöre ich zu euch!“

„Zu uns zu gehören, ist gefährlich“, warnte Eins. „Hör uns an, Sohn des Tac, und dann erst entscheide dich. Du hast geschworen, uns nie zu verraten. Wir glauben dir. Deshalb werden wir dich gehen lassen, auch wenn du uns dann nicht mehr unterstützen möchtest. Also höre.“

Cyran nickte und hörte zu . . .

Eins, Zwei, Drei, Vier und Fünf waren Gallier. Eins, der Sohn eines keltischen Adeligen, hatte als römischer Offizier unter Cäsar gegen germanische Stämme gekämpft und war mehrfach ausgezeichnet worden. Nach der Niederlage der Gallier bei Alesia, der Einkerkerung des Vercingetorix und dem Verkauf gallischer Kriegsgefangener in die Sklaverei war er Cäsars Feind geworden. In Gallien hatte Eins nicht mitgekämpft, dazu war Cäsar zu klug gewesen. Als seine Legionen den Aufstand des Vercingetorix niederschlugen, hatte er den Gallier Eins in eine nordafrikanische Kleinstadt versetzt . . .

Zwei, Drei, Vier und Fünf waren gallische Kriegsgefangene, die wegen ihrer Kraft und Geschicklichkeit aus der Sklaverei in die Gladiatorenschule gekommen waren und zu Arena-Kämpfern ausgebildet wurden. Im Circus Maximus, in dem zum Vergnügen des Publikums wilde Tiere gegen wilde Tiere, wilde Tiere gegen Menschen und

Menschen gegen Menschen gehetzt wurden, hatten sie überlebt. Ihre klaffenden Wunden waren vernarbt und zählten nicht mehr; aber Zwei, Drei, Vier und Fünf hatten genug vom Töten für entmenschte Zuschauer . . .

In Afrika erfuhr der gallisch-römische Offizier vom Schicksal des Vercingetorix. Der besiegte Fürst, meldete ein Bote aus Rom, sei eingekerkert und vegetiere schlimmer als ein Sklave dahin. Auf Cäsars Befehl werde er von Legionären bewacht, die in Gallien entstellend verwundet worden und unversöhnliche Feinde aller Gallier seien.

In zwei bis zweieinhalb Jahren, hieß es in Rom, wolle Cäsar die letzten aufständischen Volksstämme und seine letzten persönlichen Feinde besiegt oder vernichtet haben. Dann werde er in einem gewaltigen Triumphzug in die Hauptstadt einziehen und sich zum Imperator des Römischen Reiches ausrufen lassen. In diesem Triumphzug werde Vercingetorix, an Cäsars Prunkwagen gekettet, mitstolpern. Am Ende des Spektakels warte auf den Gallierfürsten die Hinrichtung im Kerker.

Soweit der Bote aus Rom.

Da wurde der römisch-gallische Offizier, der den großen Cäsar bisher bewundert hatte, zu Cäsars Feind.

Vercingetorix durfte nicht sterben! Nicht wehrlos wie ein Tier auf der Schlachtbank! Das hatte der Arvernerfürst nicht verdient.

Der von Cäsar enttäuschte Offizier beschloß, Vercingetorix zu retten. Er floh aus der Armee, schwindelte sich als Zivilist auf einem Segelschiff von Nordafrika in den Hafen Ostia, schlug sich nach Rom durch und suchte Gleichgesinnte.

Er fand sie in vier entflohenen Gladiatoren, die vom Töten genug hatten. Als Gallier wollten auch sie nicht tatenlos zuwarten, bis Vercingetorix dem Henker verfiel.

Der Offizier und die Gladiatoren legten ihre Namen ab, nannten sich untereinander Eins, Zwei, Drei, Vier und Fünf und für die Römer Primus, Secundus, Tertius, Quartus und Quintus.

Vier, der sich in Rom am besten auskannte, organisierte zwei Verstecke; eines in zwei Kellern unter einem verfallenden Haus am Stadtrand, das zweite als Ausweichzuflucht in einer Höhle.

Die Gladiatoren erkannten den Offizier als Anführer an. Er war ihnen zwar nicht körperlich, aber an Verstand überlegen. Was er sagte, leuchtete den anderen ein.

„Mit offener Gewalt befreien wir Vercingetorix nie", behauptete er. „Wenn wir ihm helfen wollen, müssen wir zunächst einmal am Leben bleiben. Dabei dürfen wir keine Arbeit annehmen, die uns verrät. Wir sind Entlaufene, und wenn wir gefaßt würden . . ."

„Schon gut", unterbrach ihn Fünf und breitete die Arme aus. Das war das Zeichen der Kreuzigung.

„Wir überfallen reiche Römer", bestimmte Eins. „Den einen nehmen wir Geld zum Leben ab, den anderen ihre Söhnchen, damit wir sie als Austauschgeiseln für Vercingetorix anbieten können. Dazu sammeln wir Verbündete, um – wenn es nötig sein sollte – Vercingetorix in einem Überrumpelungsangriff aus dem Kerker zu holen."

Das erste römische Herrensöhnchen, das sie als Geisel festnahmen, war dann ausgerechnet ein Gallier: Cyran, der Sohn des Tac und Geisel für Cäsar . . .

Soweit der Bericht der Verschwörer.

„Ich gehöre zu euch", sagte Cyran. „Stellt mich auf die Probe."

Zwei, Vier und Fünf nickten zustimmend.

„Gut", sagte Eins. „Du wirst uns von allem berichten, was bei PCC über Cäsar, Vercingetorix und Gallien gesprochen wird; auch von Unterhaltungen, die dir unwichtig erscheinen." Cyran versprach es.

Da stolperte Drei in den Keller herunter, stieß mit dem Kopf gegen die Wand, stöhnte, sackte zusammen, fiel aufs Stroh und lag stumm.

„Zwei und Vier hinauf!“ befahl Eins. „Nehmt jeden Verdächtigen fest!“

Die beiden verschwanden nach oben.

„Tragt Drei nach nebenan“, sagte Eins zu Cyran und Fünf. Er öffnete eine quietschende Tür und leuchtete mit einer Fackel in den Nebenraum.

Wohnlich sah es da nicht aus. Ein klobiger Tisch, zwei Holzbänke, fünf Feldbetten und eine Feuerstelle mit einem Rauchabzug nach oben waren das Mobiliar.

Fünf und Cyran legten Drei auf ein Feldbett. Drei atmete schwach, war jedoch nicht verwundet. Eins rüttelte ihn an den Schultern. „He!“ rief er ihm ins Ohr. „Wach auf!“

Drei zuckte zusammen und öffnete die Augen. Eins, Fünf und Cyran erschraken vor seinem Blick. Drei starrte durch das Fackellicht hindurch ins Leere; so, als ob der Geist aus seinem Körper gewichen wäre.

„Wach auf!“ rief Eins noch einmal und schüttelte den Reglosen stärker. „Hast du den Armreif abgeliefert?!“

Bei dem Wort „Armreif“ zuckte es in Dreis Gesicht. „Arm – reif“, murmelte er stockend, dann erschrak er und keuchte: „Nimm das – verdammte rote – Feuer weg!“

„Das war Tothmes, der Ägypter“, stieß Cyran hervor.

„Tothmes?“ fragten Eins und Fünf. „Wer ist das?“

„Ein Magier im Dienste des PCC“, erklärte Cyran. „Er besiegt Leute, die unter der Folter schweigen, mit dem Blick seiner Augen. Hypnose heißt das, glaube ich. Um seinen Blick zu verstärken, nimmt er Feuer und Donner dazu. Dann tun die stärksten Männer, was er ihnen befiehlt. PCC bezahlt ihn gut.“

Eins stürmte die Kellertreppe hinauf, um nach Zwei und Vier zu sehen.

Die standen auf Posten und guckten ihn verwundert an. „Warum japst du denn so?“ fragte Zwei.

„Habt ihr Verdächtiges gesehen oder gehört?“ erkundigte sich Eins.

Sie schüttelten den Kopf.

„Wirklich nichts?“ drängte Eins. „Denkt nach!“

„Zumindest nichts Verdächtiges“, meinte Vier. „Da war nur mal ein kleines Geräusch; so, als ob ein Mantel über den Boden streifte, aber es war niemand mit einem Mantel da. Wir hätten ihn sonst gesehen.“

Eins riß Vier die Fackel aus der Hand und leuchtete den Boden ab. Da blitzte etwas im Staub. Eins hob es auf und hielt ein Amulett in der Hand: einen aus einem Halbedelstein geschnittenen Skarabäus, den heiligen Mistkäfer aus dem Lande der göttlichen Kleopatra.

Eins überlegte. Von Tothmes, dem Ägypter, hatte Cyran gesprochen. Ob der Skarabäus ein Zeichen des Magiers war? Etwa eine Drohung? Oder nur verloren?

Eins ging auf Sicher. Er befahl den Rückzug ins Ausweichversteck. Das war eine Höhle in der Nähe der Via Flaminia, der Heerstraße, die aus Rom hinaus nach Norden führte. Vor langer Zeit hatte diese Höhle Straßenräubern als Unterschlupf gedient.

„Möchtest du zu PCC zurückkehren, Cyran?“ fragte Eins kurz vor dem Aufbruch.

„Ich möchte wissen, wo ich euch finde, sobald ich Nachrichten für euch habe“, sagte Cyran. „Nehmt mich mit. Den Weg merke ich mir besser, wenn ich ihn gegangen bin, als wenn ihr ihn mir beschreibt.“

Eins war einverstanden.

Sie verließen den Keller in der Subura und stahlen sich auf Nebenwegen aus der Innenstadt hinaus. Vier und Fünf schleppten Drei. Der war beduselt und redete wirres Zeug. Die Nacht war sternenklar, die Verschwörer brauchten kein Fackellicht. Keine Streife stellte sich ihnen in den Weg, kein Gesindel hielt sie auf.

Um so härter traf sie der Spuk. Als sie sich bis auf wenige Schritte der Höhle genähert hatten, flammte in deren Eingang rotes Licht auf. Aus dem Licht grinste unter farbensprühender Spitzkappe ein Totenkopf.

Eins, Zwei, Vier und Fünf zuckten zurück. Drei merkte nichts, er döste noch immer.

Cyran faßte sich rasch. „Was soll das, Tothmes?“ fragte er spöttisch.

„Kompliment, Ciranus“, sagte der Totenkopf. „Los, komm mit!“

Cyran fühlte sich gepackt, wehrte sich, bekam ein feuchtes Tuch auf das Gesicht gepreßt, atmete widerlichen Dunst ein und verlor das Gleichgewicht.

Im Hinüberdämmern hörte er Geschrei und das Klirren von Waffen . . .

Krach bei Capito

Draußen war freundliche Nacht, drinnen wütender Lärm.

Im Atrium seiner Villa spielte PCC verrückt. Er trampelte im Kreis herum und brüllte wie ein Stier. Bediente und Sklaven duckten sich, denn PCC griff nach allem, was sich in Reichweite befand, und warf auf den erstbesten, der ihm zu Gesicht kam. Er hatte mit seinen Sandalen geworfen, mit zwei Ziervasen, mit einer Puderdose der Frau Gemahlin, drei Trinkbechern und einem Klappstuhl. Wütend verwünschte er alle, die um ihn herumstanden, ganz besonders „die hirnlosen Muskelmänner, die nur fressen und saufen, aber nicht kämpfen können“.

Da trat der Magier Tothmes ins Atrium. Er trug einen mit Zauberzeichen bestickten Mantel und einen mit blitzenden Steinen besetzten Spitzhut.

„Du hast mir grade noch gefehlt!“ schrie PCC ihn an,

griff nach einer zwei Fuß hohen Kupferstatuette und hob sie zum Schlag.

Sklaven und Bedienstete hielten den Atem an. Die Statuette, das kostbare Geschenk eines vornehmen Gastes, stellte den ägyptischen Totengott Osiris dar!

Tothmes wich keinen Schritt zurück. Er streckte die Hände gegen PCC aus, und seine Augen brannten in die des Senators. „Stell den großen Osiris an seinen Platz zurück, Herr", befahl der Magier ruhig. Die Zauberzeichen auf dem Mantel und die Steine am Spitzhut flimmerten im Lichte der Öllampen.

PCC ließ den Gott sinken, die anderen atmeten auf.

Da rauschte Tiberia Verena herein. Sie war im Nachtgewand und sehr wütend. „Was soll der Lärm, Capito?!" fuhr sie den Gatten an. „Wie soll ich bei diesem Krach schlafen, wo ich außerdem noch barbarisches Kopfweh habe!"

„Entschuldige", brummte PCC und stellte den Osiris in seine Nische zurück.

Da atmete auch Tothmes auf. Um den günstigen Augenblick zu nutzen, meldete er rasch, warum er gekommen war: „Ciranus ist soeben erwacht, ehrenwerter Senator."

„Ich komme", knurrte PCC nach einem Blick auf seine Gattin. Er knurrte es erleichtert. Mit Tothmes zusammen verließ er das Atrium.

„Räumt die Scherben auf!" befahl Tiberia Verena den Sklaven. Die anderen Bedienten verdrückten sich hastig.

„Daß mein Capito immer so herumbrüllen muß, wenn er sich aufregt", murmelte die Domina. „Jetzt bloß deshalb, weil sein Ciranus einmal länger fort war als sonst." Sie schüttelte den Kopf. „*Ich* lasse auf *meine* Geiseln besser aufpassen", fuhr sie in ihrem Selbstgespräch fort. „Ich gebe Herat und Tanit auch keine Dolche mit, auf die Spitzbuben scharf sind." Sie schmunzelte, als eine Sklavin die Scherben der Puderdose zusammenfegte. „Ein Geschenk meines Onkels und nicht viel wert", sagte sie. „Capito wird mir eine *kostbare* kaufen müssen."

Kurz darauf schlief sie ungestört, denn in der Villa war es ruhig geworden . . .

In seinem Zimmer erfuhr Cyran, was geschehen war. Er saß auf dem Bett, stützte sich mit den Händen ab und guckte ins Lampenlicht. Der Kopf brummte ihm fürchterlich, und auf der Zunge spürte er einen widerlich süßen Geschmack.

Vor ihm standen Tothmes und PCC. Der Ägypter hatte Zaubermantel und Spitzkappe abgelegt.

„Kann ich mit ihm reden, Tothmes?" fragte der Senator.

„Aber ja", sagte Cyran noch vor dem Ägypter. Er stand auf, taumelte, biß die Zähne zusammen und zwang die Übelkeit hinunter. „Tut mir leid, Senator, daß ich dir Schwierigkeiten gemacht habe", murmelte er. „Aber da waren . . ."

„Schon gut, Ciranus", unterbrach ihn PCC. „Es war nicht allein *deine* Schuld, obwohl du dich leichtsinnig benommen hast. Schwamm drüber! Fühlst du dich wohl genug, um mir einige Fragen zu beantworten?"

„Ich will's versuchen", sagte Cyran, „aber frag nicht zu schnell. Das Dreckzeug, das mich Tothmes einatmen ließ, braucht noch eine Weile, bis es aus meinem Kopf hinaus ist."

PCC sah den Ägypter unwillig an.

Dieser verteidigte sich: „Ich habe ihn keinen Wahnsinn einatmen lassen, Herr. Ich mußte ihm jedoch die Fäuste lähmen, damit ich ihn zurückbringen konnte."

Cyran schlug sich an die Stirn, schüttelte den Kopf, und die Erinnerung war da. „Wo sind die anderen?" rief er erschrocken.

„Am Leben", brummte PCC, „aber sie werden verdammt lange auf der faulen Haut liegen. Die verdammten anderen haben verdammt fest zugeschlagen."

Cyran sah ihn groß an. „Welche anderen, Senator?“

„Anscheinend hast du ihm doch zuviel von deinem Giftzeug verpaßt, Tothmes“, brummte PCC. „Erzähl *du* ihm, was passiert ist und wie ihr euch blamiert habt. Aber mach's kurz!“

Tothmes berichtete. Cyran hörte zunächst mühsam, dann immer aufmerksamer zu:

In der Villa des Senators hatte Tothmes den Gallier Tertius betäubt und später mit dem Blick seiner Augen gezwungen, die Schlupfwinkel der Verschwörer zu verraten. Dann hatte er dem Hypnotisierten befohlen, in das Hauptversteck zurückzukehren, und war ihm gefolgt.

Nachdem Tertius im Keller verschwunden war, hatte Tothmes seinen Skarabäus an einen auffälligen Platz gelegt und gewartet. Seine Überlegung war raffiniert einfach gewesen: Tertius würde seine Kumpane dadurch alarmieren, daß er hypnotisiert und ohne Waffe zurückkehrte. Selbstverständlich mußten sie annehmen, daß ein Spion dem Beduselten gefolgt war. Sie würden aus dem Keller laufen, den Skarabäus finden und erkennen, daß ihr Hauptversteck verraten war. Übrig blieb ihnen nur die Flucht in den Ausweich-Schlupfwinkel.

Als die Posten der Verschwörer nach oben gekommen waren, wußte Tothmes, daß sein Plan gelingen werde. Er eilte in PCCs Villa zurück, warf sich in seine Zauberverkleidung und ritt mit Bewaffneten des Senators zum Ausweichversteck der Entführer. „Wenn die Banditen vor Überraschung nicht alle viere von sich strecken, verschlucke ich ein Krokodil“, spottete er.

Dann kam alles anders. Nur einen Augenblick lang waren die Entführer vom Spuk des Tothmes verwirrt, dann fingen sie sich, und Ciranus verhielt sich gar nicht so, als ob er befreit werden wollte. Tothmes mußte ihn am betäubenden Kräutergeist riechen lassen und wurde dabei schmerzhaft verletzt. Einer der Gallier stach ihn mit der Schwertspitze in den verlängerten Rücken.

Dann krachte Eisen auf Eisen. Tothmes wuchtete den benebelten Cyran aufs Pferd, quälte sich hinterher und jagte davon . . .

„Die Entführer schlugen meine Leute zusammen", knurrte PCC. „Dabei waren Unsere in der Überzahl. Wie erklärst du dir, Tothmes, daß meine sogenannten besten Männer von lächerlichen vier Banditen Prügel bezogen, he?!"

„Von *fünf* Banditen", verbesserte der Ägypter.

„Mach dich nicht lächerlich!" polterte der Senator. „Der Bandit Tertius war im Dusel!"

„Trotzdem war er gefährlich", verteidigte sich Tothmes. „Obwohl er beduselt war, biß er einen unserer Leute in den Daumen."

„Toll", flüsterte Cyran.

PCC warf ihm einen mißtrauischen Blick zu und beschloß, den Jungen schärfer als bisher bewachen zu lassen.

Auf dem Mosaik im Fußboden bildeten sich rote Flekken. Das Rot tropfte von Tothmes herunter.

„Verschwinde und laß dir den Hintern verbinden!" fuhr PCC den Ägypter an.

Tothmes verneigte sich steif und ging hinaus.

„Jetzt sind wir unter uns, Ciranus", sagte PCC. „Du brauchst keine Hemmungen zu haben. Also erzähl mal schön."

Cyran gähnte.

„Fang an!" brummte PCC ungeduldig.

Cyran verstellte sich ausgezeichnet. Er gähnte immer deutlicher und murmelte dazwischen: „Ich bin – schrecklich müde – ganz schrecklich – müde." Dann sank er auf sein Bett, schloß die Augen und sagte nichts mehr.

PCC knurrte eine Verwünschung und verließ das Zimmer.

Cyran wartete, bis er die Tritte nicht mehr hörte, dann wollte auch er das Zimmer verlassen. Er kam nicht einmal über die Türschwelle. Draußen standen Bewaffnete, kreuzten die Speere vor ihm und drängten ihn zurück.

Cyran versuchte aus dem Fenster zu springen, doch auch das war unmöglich. Bewaffnete standen auch im Hof. Die Spitzen ihrer Lanzen schimmerten im Fackellicht.

Cyran warf sich angekleidet aufs Bett, ballte die Fäuste und wünschte Cäsar, PCC, die Domina und alle ihre römischen Aufpasser zu den gehörnten, geschwänzten und geflügelten Dämonen. Er schimpfte keltisch, das klang herzhafter als das geschniegelte Latein der vornehmen Römer . . .

Dann mußte er doch eingeschlafen sein, denn heftiger Lärm weckte ihn auf.

Draußen dämmerte der Morgen, die Öllampen in den Nischen waren ausgebrannt.

Der Lärm hielt an. Stimmen riefen und schrien durcheinander, Waffen klirrten dazwischen. Kräftiger als der Senator kommandierte Tiberia Verena, die Domina.

Cyran rieb sich die Augen, stand auf und taumelte schlaftrunken aus dem Zimmer. Kein Wächter hinderte ihn daran.

Draußen flackerte Fackellicht. Bedienstete standen um den Senator und die Domina herum, Sklaven und Sklavinnen rannten hin und her, Bewaffnete kamen und gingen. Es sah nach heillosem Durcheinander aus.

Cyran suchte Herat. Er entdeckte weder sie noch die freche Tanit. Da hielt er einen Bewaffneten an und erfuhr von ihm, was geschehen war.

„Heute nacht wurden die Söhne von zwei anderen Senatoren entführt“, berichtete der Mann des PCC. „Wächter entdeckten die Papyrus-Zettel, die die Entführer an die Eingangstüren der Villen geheftet hatten. ‚Wenn Vercingetorix stirbt, sterben eure Söhne mit ihm‘, steht auf den Zetteln, und als Unterschrift ein P.“

Primus, dachte Cyran.

„Aber das ist nicht das schlimmste", schnaufte der Mann.

„Raus damit!" befahl Cyran ungeduldig.

Der Mann wischte sich den Schweiß von der Stirn und dämpfte die Stimme zum Flüstern: „Das schlimmste ist, daß die Halunken auch uns nicht verschont haben. Sie entführten die ägyptischen Mädchen – allerdings ohne Zettel am Parktor."

„Herat und Tanit?" rief Cyran entsetzt und war hellwach.

„Ja, junger Herr", bestätigte der Mann und lief weiter.

Cyran schüttelte den Kopf. Daß Eins und dessen Leute Herat und Tanit verschleppt haben sollten, traute er ihnen wirklich nicht zu.

Doch wo waren die Mädchen, und was sollte er tun?

Er fand, daß Rom ein gefährliches Narrenhaus war, und gestand sich ein, daß Herat ihm viel mehr bedeutete als der gefangene Arvernerfürst. Für Vercingetorix bleibt noch Zeit genug, sagte er sich, um das scheußliche Gefühl zu unterdrücken, das ihm in die Kehle stieg. Bei Herat darf ich keinen Augenblick verlieren. „Jawohl", sagte er laut. Ich werde Eins und seine Leute suchen, nahm er sich vor. Sie müssen mir helfen, Herat zu finden – und natürlich auch Tanit –, und wenn ich die Mädchen unbeschädigt zurückkriege, dann – dann darf Eins eine ganz große Mutprobe von mir verlangen! Und noch einmal sagte er laut: „Jawohl!"

Das Durcheinander in der Villa wurde immer größer.

Tiberia Verena bekam Schreikrämpfe, weil sie sich wegen des Verschwindens der Geiselmädchen schon zum Tode oder zumindest zur Sklavenarbeit verurteilt sah. PCC versuchte sie zu beruhigen, machte es jedoch nur noch schlimmer. „Sollte mich wundern, wenn dein Ciranus nicht auch mit weg ist!" kreischte sie hysterisch. „Dann schicken sie uns beide in die Steinbrüche oder sonstwohin!"

PCC wurde blaß, dann lachte er unsicher. „Ciranus, Tiberia? – Wo denkst du hin? Der schläft wie ein Murmeltier im Winter."

Die Domina lachte verzweifelt.

Um sie und sich zu beruhigen, lief PCC in Cyrans Zimmer. Da traf es ihn wie ein Keulenschlag. Das Zimmer war leer.

„Ciranus!" schrie und brüllte, jammerte und stöhnte der Senator. „Ciranus!!" Angst und Verzweiflung trieben ihm den Schweiß auf die Stirn, sein Herzschlag drohte auszusetzen. Mit letzter Kraft befahl er zehn Männern, nach dem Jungen und den Mädchen auszuschwärmen. Er versprach ihnen goldene Berge.

Die Männer gaben sich alle Mühe – und suchten vergebens. Cyran, Herat und Tanit blieben verschwunden.

PCC tobte, als der Suchtrupp zurückkam.

Am frühen Vormittag schickte er noch einmal ein Aufgebot los mit dem Auftrag, ganz Rom zu durchkämmen. Diesmal versprach er keine fürstliche Belohnung, dafür aber für den Zeitraum von vier Monaten nur die Hälfte der Bezahlung und sechs Monate lang den fürchterlichsten Fraß, den der Koch zubereiten konnte, falls sie ohne Ciranus, Herat und Tanit zurückkommen sollten. „Und wenn ihr ein halbes Jahr lang suchen und in Mauselöcher kriechen müßt!" japste PCC. „Tut es, oder ich werde euch ..."

Was er mit ihnen tun wollte, sprach er nicht aus. „Verschwindet!" befahl er heiser.

Am Rande der Subura trafen die PCC-Leute mit Suchtrupps der beiden anderen Senatoren zusammen, deren Söhne entführt worden waren. Sie verabredeten einen Gesamtplan und die Verteilung der Erfolgsprämie. Dann schwärmten sie aus.

An einer Gassenecke stieß der Anführer des PCC-Trupps mit einem Römer in verwaschener Kleidung zusammen. „Kannst du nicht aufpassen?!" schimpfte der

PCC-Mann, dann sah er den Purpursaum an der Toga. „Verzeih, Herr“, murmelte er unsicher.

„Suchst du jemanden?“ erkundigte sich der verwaschene Vornehme. Er sprach das Latein der Gebildeten.

„Einen gewissen Ciranus und zwei ägyptische Mädchen, Herr“, antwortete der Mann des PCC. „Sie verschwanden wie Fettaugen von der Gerstensuppe.“

„Wer sucht noch nach ihnen?“ erkundigte sich der Fremde und drückte dem PCC-Truppführer ein Silberstück in die Hand.

Der Mann des Senators bedankte sich erfreut und erzählte bereitwillig: „Außer mir noch zwölf Bewaffnete des Senators Publius Cornelius Capito, Herr. Ich führe sie an und habe sie ausschwärmen lassen.“ Dann guckte er den Vornehmen groß an.

„Ruf oder pfeif deine Leute zusammen“, hatte dieser gesagt.

„Weißt du vielleicht, wo der gallische Junge und die ägyptischen Mädchen gefangengehalten werden?“ fragte der Truppführer aufgeregt.

„Ruf deine Leute oder laß es bleiben“, sagte der andere. „Ich habe es eilig.“

Der PCC-Mann hielt ihn zurück. „Also gut, Herr, ich werde pfeifen.“ Eine Falle kann es unmöglich sein, dachte er. Einer allein gegen dreizehn? – Lächerlich. – Er steckte zwei Finger in den Mund und pfiff dreimal hintereinander durchdringend – je zweimal kurz und einmal lang.

Kurz darauf standen alle PCC-Männer um den verwaschenen Vornehmen herum. Er redete zu ihnen, sie folgten ihm – und verschwanden wie Cyran, Herat und Tanit . . .

Zum Mittagstrunk brachte ein Torwächter dem Senator Publius Cornelius Capito ein Pergament, das ein unbekannter Bote abgegeben hatte.

PCC erbrach das Siegel und las:

P an PCC
Deine dreizehn Männer, Senator,
fühlen sich nicht besonders wohl.
Sie wissen, daß ihr Leben von Deiner Großzügigkeit
abhängt.
Tu etwas für sie,
damit ich sie freilassen kann
und sie sich nicht länger fürchten müssen.
Überlege, was Du tun kannst!
Fürs erste leb wohl. – P

Kein Wort von Ciranus und den ägyptischen Mädchen.

PCC bekam einen Tobsuchtsanfall. Der Leibarzt flößte ihm sein stärkstes Mittel ein, um ihn zu beruhigen.

Für ihren Gemahl, der eine Zeitlang nicht mehr ansprechbar war, handelte Tiberia Verena, die Domina. Numidische Sklavinnen hatten ihr die Stirn mit Nardensalbe, den Rücken mit parfümiertem Olivenöl eingerieben und morgenländischen Weihrauch in ihrem Zimmer verbrannt. Jetzt fühlte sie sich wieder wohl und energisch.

Statt zu jammern, befahl sie den neun besten Männern im Hause, nach Herat, Tanit und Ciranus zu forschen. Sie versprach ihnen Silber für die Entführten und Gold, falls sie dazu noch auf die Spur des geheimnisvollen P kämen. Die neun Männer hatten eigentlich die Aufgabe, das Leben des Senators und der Domina zu schützen, deshalb nannte PCC sie seine Leibgarde. Tiberia Verena kommandierte sie erstmals zum Außendienst.

Die Leibgarde klirrte ab . . .

So ungewöhnlich der Tag begonnen hatte, so ungewöhnlich ging er weiter. Aus heiterem Himmel brach plötzlich ein Gewitter los, wie es die Römer seit Menschengedenken nicht erlebt hatten. Blitze und Donnerschläge zuckten und krachten ineinander, Sturmböen heulten über Rom, und der Regen goß in Strömen.

Es roch nach Weltuntergang.

Verängstigte opferten den Hausgöttern oder liefen in nahe Tempel und gelobten den Himmlischen alles mögliche, wenn sie ein Einsehen hätten.

Sie hatten es. Am Nachmittag hörte das Unwetter so plötzlich auf, wie es begonnen hatte.

Und ein Sklave brachte dem Senator Publius Cornelius Capito einen Papyrus-Zettel von einem Baumstamm im Park.

Der Papyrus war durchweicht, die Schrift jedoch gut zu entziffern:

P an PCC
Noch geht es den Gefangenen erträglich;
wie lange, hängt von Dir ab.
Ich erwarte Deine Antwort.
Schick Tothmes um Mitternacht auf das Marsfeld.
Er trifft mich fünfhundert Schritt westlich
der Porta Salutaria.
Sag mir durch ihn, was Du zu unternehmen gedenkst,
um das Leben des Vercingetorix zu retten.
Oder – falls Du Dich traust – komm selbst.
Ich erwarte einen einzigen Mann!
Auch ich werde allein kommen.
Glaub nicht, daß Du mich
überrumpeln könntest.
Bis heute um Mitternacht – leb wohl. – P

PCC, der sich erst vor kurzem erholt hatte, war nahe daran, einen neuen Anfall zu bekommen. Seine Gemahlin und der Leibarzt waren glücklicherweise in der Nähe. Sie beruhigten ihn mit Mühe.

Während sie dann überlegten, kam die Leibgarde zurück. „Wir haben alle uns bekannten Schlupfwinkel durchstöbert“, meldete der Kommandant. „Sogar während des Sturmes waren wir unterwegs. Ciranus, Herat, Tanit und diesen P fanden wir leider nicht.“

„Dieser P ist erfolgreicher als ihr!“ wetterte der Senator. „Er und seine Banditen haben dreizehn unserer Männer in die Falle gelockt und festgenommen. Jetzt verlangt er ein Treffen mit Tothmes oder mir. Da, lies!“ Er warf dem Kommandanten das zweite Schreiben des geheimnisvollen P zu.

Der Kommandant las, knurrte eine Verwünschung, entschuldigte sich bei der Domina und fragte den Senator: „Was wirst du tun?“

„*Ich* werde gehen“, erklärte PCC.

„Allein?“ rief die Domina erschrocken.

PCC nickte ihr zu. „Ja, Tiberia, allein.“ Er schmunzelte. „Aber ich sehe mich vor.“ Er wandte sich an die Männer der Garde: „Ihr werdet mir heimlich folgen, und zwar so geschickt, daß P von euch weder etwas sieht noch hört, verstanden?“

Der Kommandant wollte etwas einwenden, PCC winkte ab.

„P erwartet einen einzigen Mann“, fuhr er fort, „in diesem Falle mich. Wie lange ich allein bei ihm bleiben soll, hat er nicht geschrieben. Wenn ich allein zu ihm komme, habe ich seine Bedingung erfüllt. Auf mein Zeichen fallt ihr dann über ihn her. Alles klar?“

„Alles klar!“ riefen die Männer der Garde.

„Legt euch aufs Ohr, damit ihr munter seid, wenn es soweit ist“, befahl PCC.

Der Kommandant grüßte militärisch, die Garde marschierte ab.

„Dieser P soll was erleben!“ knurrte PCC, ließ sich einen Becher Würzwein bringen, trank ihn leer und begab sich zur Ruhe, um gegen Mitternacht bei Kräften zu sein.

Nächtliches Treiben

Herat und Tanit suchten Cyran.

Bevor der von Tothmes betäubte gallische Junge zu PCC zurückgebracht worden war, hatte sich Herat davongeschlichen, um ihn zu suchen. Die Aufregung in der Villa verriet ihr, daß sich Cyran in Gefahr befand. Und weil sie mehr als nur Kameradschaft für ihn fühlte, wollte sie ihm helfen – auch wenn sie noch nicht wußte, wie sie ihm beistehen konnte. Zuerst muß ich ihn finden, dachte sie, dann kommt das andere von selbst.

Sie warf sich einen dunklen Mantel über, huschte an den Wächtern vorbei, überkletterte die Parkmauer und sprang auf den Weg hinunter, der von der Villa zur Innenstadt führte. Dann kniff sie die Daumen ein und bat ihre Götter um Hilfe.

Während sie überlegte, wohin sie laufen sollte, sprang hinter ihr noch jemand von der Mauer herunter. Tanit!

Die „Kleine“ hatte gemerkt, wie sich die Große davonschlich, und war ihr ebenso heimlich gefolgt. Genau wie Herat trug auch sie einen dunklen Mantel. „Ich helfe dir suchen“, flüsterte sie Herat zu. Sie wußte, daß es um Cyran ging. Um wen denn sonst?

Und Herat wußte, daß es keinen Zweck hatte, Tanit zurückzuschicken. „Kannst du mir vielleicht sagen, wo wir beginnen sollen?“ fragte sie patzig und trotzdem erleichtert, weil sie nicht mehr allein war. Schon tagsüber war es in manchen römischen Gassen nicht geheuer, viel gefährlicher aber in der lärmenden Nacht.

„Wo wir beginnen sollen?“ wiederholte Tanit. „Da fragen wir am besten den da.“ Sie nahm ihr Halskettchen ab, an dem ein Amulett hing. Es war ein aus Jade geschnittener Skarabäus, der heilige Käfer aus dem Lande des Nils. Tanit warf ihn, zeigte auf die Stelle, wo er zu Boden gefallen war, und sagte: „Sein Kopf weist dorthin." Mit ausgestrecktem Arm deutete sie in Richtung der Innenstadt. „Dort müssen wir Cyran suchen, sagt mein Skarabäus."

Herat tippte sich an die Stirn. „Du bist verrückt. Weißt du, was dort ist, wo die hellen Lichter brennen?"

„Klar", antwortete Tanit. „Das Forum Romanum."

„Eben", spottete Herat. „Dort stehen Tempel, das Haus des Senats, die Rednertribüne und am Rande der Kerker, in dem dieser Vercingetorix eingesperrt ist, von dem uns Cyran erzählt hat."

„Ui!" staunte Tanit. „Woher weißt du das alles?"

„Wenn du besser auf das aufgepaßt hättest, was unsere Lehrer uns beibringen, wüßtest du es auch", erwiderte Herat patzig. „Der Platz ist viel zu stark bewacht, als daß Entführer jemanden dort verstecken könnten."

„Mein Skarabäus zeigt aber ganz genau dorthin", sagte Tanit. „Ich vertraue ihm. In Alexandria bekam ich ihn von einem Priester geschenkt, und der Priester sagte, daß mir der heilige Käfer immer den rechten Weg zeigen werde. Jetzt zeigt er zum Forum Romanum und befiehlt uns, daß wir hingehen sollen."

Herat zuckte die Achseln.

„Ich werde es dir beweisen", trotzte Tanit, hob das Amulett auf und warf es zum zweitenmal.

Der Kopf des Skarabäus zeigte in dieselbe Richtung wie vorher; nicht einmal um Fingerbreite wich er nach rechts oder links ab.

„Gehen wir", murmelte Herat.

Tanit hängte sich das Kettchen um den Hals, dann strich sie mit dem Zeigefinger ganz zart über das Amulett.

Die Mädchen faßten einander bei den Händen und gingen die Straße hinunter. Sie brauchten keine Fackel, der Himmel war wolkenlos und mit Sternen übersät. Trotzdem wurde ihnen immer ungemütlicher zumute, je weiter sie sich von der Parkmauer entfernten.

Während der Nacht ratterten Pferde- und Ochsenwagen, die tagsüber aus der Innenstadt verbannt waren, in fürchterlichem Gedränge durch Straßen und Gassen. Ganz Rom zitterte im Fackellicht, das Menschen und Tiere verzerrte. Es dröhnte unter Huftritten und Rädergerassel, lärmte von Geschrei und Peitschenhieben, vom Wiehern der Pferde und dem Stöhnen der Zugrinder. Es hallte vom Schimpfen der Leute wider, die schlafen wollten, und von der groben Gegenrede der Händler, die ihre Waren nur bis Sonnenaufgang anliefern durften.

Je näher Herat und Tanit den Lichtern, dem Lärm und dem Gedränge kamen, desto mehr zögerten sie.

„Vielleicht – sollten wir umkehren", meinte Tanit. „Ich – denke eben daran, daß genug Männer nach Cyran suchen. Die sind bestimmt geschickter als wir."

Sie standen da, wo der Weg von PCCs Villa herunter in die große Straße einmündete, die vom Osten her nach Rom hereinführte. „Via Tiburtina" hieß sie in der Sprache der Römer. Hier ratterten besonders viele Wagen auf dem holperigen Pflaster in die Stadt. Rauhe Stimmen, deren Latein ganz anders als das der Städter klang, trieben die Zugtiere an. Die Treiber waren Bauern aus dem Bergland. Sie brachten Obst und Getreide, Gemüse und Schlachtvieh. Besonders begehrt waren die Oliven und Feigen aus dem östlichen Hügelland und die mit Eicheln gemästeten Bergschweine.

Ein splitternder Krach und wüste Verwünschungen ließen Herat und Tanit zusammenzucken. Wenige Schritte vor ihnen war die Hinterachse eines vollbeladenen Ochsenwagens gebrochen. Die erschrockenen Tiere scheuten. Der Bauer bemühte sich mit aller Kraft, sie zu zügeln. Früchte rollten über das Pflaster, Fußgänger stürzten sich darauf, der Bauer schlug mit der Peitsche nach ihnen. Hinter dem Wagen, der die Fahrbahn blockierte, schimpften andere Händler, die wegen des Gegenverkehrs weder weiterfahren noch überholen konnten.

„Helft mir lieber, statt herumzubrüllen, ihr Blödmänner!“ schrie der Bauer wütend. Der Ausdruck Blödmänner paßte dem Händler nicht, der hinter dem zusammengebrochenen Wagen halten mußte. Mit hocherhobener Peitsche stürzte er sich auf den Beleidiger.

„Ja, Tanit“, rief Herat, „laufen wir zurück!“

Sie faßten einander bei den Händen, wandten sich um – und der Atem stockte ihnen. Da standen plötzlich zwei riesige Männer, als ob sie aus dem Boden gewachsen wären. Sie mußten im Gebüsch gelauert haben, das den Weg zur Villa hinauf säumte. Ihre Gesichter waren geschwärzt.

Einer der Kerle packte Herat, der andere Tanit am Arm. „Zwei ganz süße Täubchen“, stellte der erste fachmännisch fest. „Die wiegen sie uns auf dem Sklavenmarkt mit sauberem Silber auf.“

Herat und Tanit stießen um sich und schrien, so laut sie konnten. Niemand half ihnen. Der Lärm auf der Straße übertönte ihre Hilferufe. In dem Durcheinander hatten sich zwei Parteien gebildet, die wütend aufeinander losgingen. Zu den Büschen sah kein Mensch herüber.

Die Kerle lachten und zerrten die Mädchen vom Weg.

Da kam Tanit der rettende Gedanke – oder gab ihn ihr der heilige Skarabäus ein? Sie rief Herat auf ägyptisch einige Worte zu, und Herat rief, ebenfalls ägyptisch, „Ja, sofort!“ zurück.

Die List gelang. Beide Mädchen stellten sich plötzlich erschlafft, sackten zusammen und bewegten sich nicht mehr. Die Riesen glotzten verwundert und lockerten den Griff.

Herat und Tanit bissen zu.

„Au!“ fluchten die Kerle und schüttelten die blutenden Hände.

Herat erkannte blitzschnell, daß sie nicht zur Villa hinauf fliehen konnten. Diesen Weg versperrten die Banditen. Es blieb nur die Flucht in das Straßengewühl.

„Mir nach, Tanit!“ schrie Herat und lief.

Tanit folgte ihr.

Das ging so schnell, daß die verschmierten Kerle nicht rasch genug zupacken konnten. Als sie den Mädchen nachliefen, gerieten sie in die Straßenschlacht. Einer stolperte über ein gestrecktes Bein, stürzte und bekam einen Hieb auf den Kopf. Der andere lief in das Horn eines aufgeregten Ochsen hinein.

Herat und Tanit hatten Glück im Gewühl. Mit einigen Schlägen und Stößen, die nur blaue Flecken hinterlassen würden, kamen sie glimpflich davon. Tanit schrieb es dem Beistand ihres Käfers zu.

Sie bemühten sich zusammenzubleiben. Bloß nicht getrennt werden! Als sie aus dem ärgsten Getümmel hinaus waren, atmeten sie auf. Aufs Geratewohl liefen sie in eine Seitengasse.

Da erschraken sie schon wieder. Betrunkene Männer torkelten grölend heran.

Herat und Tanit liefen und liefen; wohin, wußten sie nicht. Sooft sie stehenblieben, tauchten bestimmt wieder verdächtige Gestalten auf. Die Mädchen waren so verängstigt, daß sie alle Leute, denen sie begegneten, für verkommen und gefährlich hielten.

Unheimlich groß war das nächtliche Rom, fremd und dämonisch.

„Ich kann nicht mehr“, stöhnte Tanit, blieb stehen und preßte die Hände auf den Leib. „Ich habe Seitenstechen.“

Sie standen in einer engen Seitengasse, kein Mensch ließ sich blicken. Die fensterlosen Hauswände links und rechts dämpften den Straßenlärm. Ganz in der Nähe schien helles Licht. Der Schein fiel auf die Dächer, die Gasse lag im Dunkel.

„Nur noch ein kleines Stück, Tanit“, drängte Herat, „dann sind wir dort, wo es hell ist. Licht ist gut, und viel Geschrei ist in dem Licht dort auch nicht. Nimm dich zusammen und komm!“

Tanit war tapfer. Sie schnaufte tief, hängte sich bei Herat ein und sagte: „Also gehen wir."

Steile Stufen führten zur Höhe.

Am Ende der Treppe brach Tanit zusammen.

Herat schleifte sie ins Licht und blickte sich schwer atmend um. Ihr Herz schlug wie ein Schmiedehammer. Die Flucht durch Rom hatte auch *ihre* Kräfte erschöpft.

Da sah sie einen römischen Legionär herankommen – nein, es war kein Legionär, es war ein Offizier, das zeigte der rote Helmbusch – nein, ein Offizier war es auch nicht, sonst hätte er nicht so gestrahlt in dem Licht, das ihn umgab. Es war – Herat schloß die Augen – „ein Gott", flüsterte sie. Dann sah und hörte sie nichts mehr . . .

Als sie erwachte, tobte ein schreckliches Gewitter. Mit einem Ruck fuhr sie auf und sah sich um. Sie befand sich in einem kahlen Raum, dessen weißgetünchte Wände keinerlei Schmuck aufwiesen. Sie zwang sich zum Nachdenken, erinnerte sich und rief nach Tanit.

Die Kleine antwortete nicht.

Aber da stand plötzlich eine hochgewachsene Gestalt an Herats Lager; eine junge, wunderschöne Dame in weißem Gewand.

„Bist du eine Göttin?" flüsterte Herat verwirrt.

Die Dame lächelte. „Nein, ich bin nur eine ihrer Priesterinnen. Mit fünf anderen zusammen hüte ich das Feuer der Vesta. Du bist im Haus der Vestalinnen und in Sicherheit."

„Wo ist Tanit?" fragte Herat.

„Meinst du das Mädchen, das bei dir war?" erkundigte sich die Priesterin.

Herat nickte.

Die Priesterin wies auf die gegenüberliegende Wand. „Dort schläft sie."

Herat atmete auf. Tanit lag auf einem Bett und schlief ruhig.

Die Priesterin reichte Herat einen Becher. Herat trank

eine Brühe, die nach Fisch und Kräutern schmeckte. Sie trank den ganzen Becher leer.

„Das ist gut“, lobte die Priesterin und strich ihr übers Haar. „Schlaf noch eine Weile. Schlaf im Frieden der Vesta, auch wenn du andere Götter verehrst.“

Herat fühlte die Hand auf ihrer Stirn und schloß die Augen. Ihr war, als sei sie in ihrem Elternhaus am Ufer des Nils . . .

Aristoteles

Auch Cyran hatte eine seltsame Bekanntschaft gemacht. Nicht in der lärmenden Nacht, sondern am lärmenden Vormittag, der der lärmenden Nacht gefolgt war.

Karren und Wagen fuhren jetzt nicht mehr durch die Innenstadt. Einige Händler, die Rom vor Sonnenaufgang nicht verlassen hatten, saßen mit Wagen und Tieren den ganzen Tag über auf Abstellplätzen fest.

Den Lärm machten jetzt Fußgänger, die einkauften oder zur Arbeit gingen; Händler, die ihre Waren zum Verkauf ausriefen; Garköche, Wahrsager, Bettler, Reiter und Sänftenträger. Männer, Frauen und Kinder schrien durcheinander, und jeder versuchte den anderen zu übertönen. Die Weltstadt Rom war auch tagsüber die lauteste Großstadt der Welt.

Gedränge und Geschrei nahmen um so mehr zu, je höher die Sonne stieg . . .

Cyran hatte sich aus Capitos Villa davongeschlichen, um Eins und dessen Leute aufzustöbern. Sie sollten ihm Herat und Tanit finden helfen.

Doch wo sollte er die fünf Gallier finden?

In den beiden Verstecken, die Tothmes entdeckt hatte, hielten sie sich bestimmt nicht mehr auf.

Cyran zwängte sich aufs Geratewohl durch das Gewühl, wurde geschubst und gestoßen, schrie und fragte, erhielt dämliche, grobe, freundliche und anzügliche Antworten und wurde weitergeschoben.

Die Strapazen der vergangenen Nacht machten sich immer stärker bemerkbar. Cyran schleppte sich vorwärts, bis er nicht mehr konnte. Dann setzte er sich auf einen Prellstein, der ein Hauseck vor Wagen- und Karrenrädern schützte. Niemand kümmerte sich um ihn. Ciranus, der Adoptivsohn des Senators Publius Cornelius Capito, sah jetzt nicht mehr entführenswert aus. Sein Gesicht war verschmutzt, seine Kleider waren fleckig geworden, in der Tunika klafften Risse.

„So jung und in aller Frühe schon so betrunken", hörte er jemanden neben sich sagen. „Schämst du dich nicht?"

„Wieso?" murmelte Cyran, blickte auf und sah einen grauen Mann, der sich zu ihm niederbeugte. Das Grau war ein ausgebleichtes Tuch, das sich der Fremde als Mantel umgehängt hatte.

Ein Dieb! durchfuhr es Cyran, und die Müdigkeit verflog. Unwillkürlich griff er an seine Tunika, unter der er an einem Ledergürtel den Geldbeutel mit dem Taschengeld trug, das er von PCC bekam. Jetzt besaß er noch zwei Silberdenare. Das war wenig für Wohlhabende, doch viel für arme Schlucker. Für einen Silberdenar mußte ein Handwerker ein bis zwei Tage lang arbeiten.

Der Mann im grauen Mantel beugte sich noch tiefer nieder, sah Cyran ins Gesicht und meinte: „Nein, betrunken bist du nicht. Tut dir die Brust weh, weil du die Hand darauf drückst?"

Cyran schüttelte den Kopf und musterte den Fremden scharf. Nein, wie ein Dieb sah der nicht aus. „Wer bist du?" fragte er.

„Ein griechischer Lehrer", antwortete der Mann im

grauen Mantel. „Ich lehre ungebildete Römer lesen, schreiben und denken, weil alle Weisheit aus Griechenland kommt. Ich bin ...“

Da wurde er unterbrochen. Eine Polizeistreife marschierte an. Der Anführer befahl dem Griechen und Cyran, sofort weiterzugehen. „Wohin kämen wir, wenn besoffene alte Esel mit besoffenen Enkelsöhnen an jeder Ecke herumlungerten!“ schnarrte er dienstlich. „Verschwindet!“

„Sag nichts dagegen, Junge“, flüsterte der Grieche Cyran zu, half ihm auf, hakte ihn unter und zog ihn fort.

Unterwegs zeigte er sich sehr redselig. Cyran brauchte nicht zu fragen, der Grieche erzählte freiwillig: „Vor Jahren kam ich als Sklave nach Rom und unterrichtete im Auftrag meines Herrn reiche Römer und Ausländer. Das Unterrichtsgeld steckte mein Herr ein, er verdiente sehr gut an mir. In einer Anwandlung von Dankbarkeit schenkte er mir vor drei Jahren die Freiheit. Als Freigelassener arbeitete ich nun für mich selbst. Ich bildete mir schon ein, bald in die gute Gesellschaft aufsteigen zu können, da schlugen mich vor eineinhalb Jahren die Götter. Sie ließen mich schwer krank werden, und ich mußte alles Ersparte den Ärzten geben. Die machten mich zwar gesund, doch ich sah wie ein Knochengerüst aus. Kein vornehmer Römer hätte mich jetzt als Lehrer für seine Kinder verpflichtet.“ Er zuckte die Achseln. „Ja, junger Freund, da ging es bergab. Ohne Geld bist du überall auf der Welt ein Niemand und kommst so herunter wie ich.“

Cyran glaubte zu verstehen, warum der Grieche ihn mitzog. Der Mann im abgetragenen Mantel war zum Bettler abgesunken.

Er schien Gedanken lesen zu können. „Gegenwärtig halte ich mich mit kleinen Aushilfsdiensten und Bettelei einigermaßen über Wasser“, fuhr er fort. „Das ist eines Gelehrten zwar unwürdig, aber immer noch besser, als zu stehlen oder sich im Tiber zu ertränken.“ Er blieb stehen und deutete eine Verbeugung an. „Gestatte, daß ich mich vorstelle. Ich heiße Aristoteles, genauso wie der berühmte Philosoph, der vor dreihundert Jahren in Griechenland gelebt hat. Mein Vater bewunderte ihn und wollte, daß ich ebenso berühmt würde." Er seufzte. „Jetzt haben mich die Götter zum Bettler gemacht."

Cyran unterdrückte ein Gähnen. „Ich habe nur wenig Geld bei mir", sagte er müde.

Aristoteles winkte ab. „Von dir will ich kein Geld. Wie heißt du übrigens?"

„Cyran", antwortete der Junge. „Die Römer nennen mich Ciranus."

„Hör zu, Cyran", fuhr Aristoteles fort, „ich glaube, daß es dir ähnlich geht wie mir. Du bist schäbig geworden und siehst nach Besserem aus. Vielleicht kann ich dir helfen."

Cyran lachte ärgerlich. „Du kannst mir helfen, indem du mir sagst, wo ich zwei ägyptische Mädchen finde oder einen Gallier, der Primus heißt."

„Im Augenblick kann ich es dir nicht sagen", erwiderte der Grieche, „aber vielleicht etwas später. Seitdem ich arbeitslos bin, habe ich zu gewissen Kreisen gewisse Beziehungen angeknüpft."

Cyran zuckte die Achseln.

„Ich nehme dich mit in meine Wohnung", entschied Aristoteles. „Dort erzählst du mir, was ich wissen muß, dann schläfst du dich aus. Wenn du erwachst, kann ich dir vielleicht schon Bescheid geben."

„Warum willst du das für mich tun, wenn du kein Geld von mir möchtest?" fragte Cyran mißtrauisch.

Aristoteles bahnte sich mit Fußtritten und Ellbogenstößen den Weg durch einen Menschenauflauf, dann gab er die verblüffende Antwort: „Ich ahne, daß wir beide voneinander Nutzen haben werden; du schon bald von mir, ich von dir etwas später. Das rieche ich geradezu, vielleicht ist es auch nur eine göttliche Eingebung. Also komm schon."

Cyran ging mit ihm.

Aristoteles wohnte in der Subura, im dritten Stock einer Insula. Diese war ein baufälliges Hochhaus, das dem Besitzer noch so lange Mietgelder einbringen mußte, bis es zusammenstürzte. Reparieren ließ der Hausherr nichts mehr. Er selbst wohnte vornehm und lebte von den Mieteinnahmen seiner fünf Insulae sehr gut.

Aristoteles bewohnte eine winzige Kammer, in der sich ein kurzes Bett, ein Tisch und zwei Stühle buchstäblich zusammendrängten. Durch ein winziges Fenster schimmerte Tageslicht herein. Die Schriften, die der Grieche in eine Nische gelegt hatte, wirkten in der Armseligkeit der Bude grotesk.

Aristoteles deutete auf einen der Stühle. „Setz dich, Cyran.“ Dann stellte er zwei Tonbecher auf den Tisch und schenkte aus einem Krug verdünnten Rotwein ein.

Sie tranken.

„Erzähle“, bat der Grieche. „Und vertrau mir. Selbst wenn du Böses getan hättest, würde ich dich nicht verraten. Du bist mein Gast, und einen Gast würde ich niemals ausliefern.“

Cyran vertraute dem seltsamen Mann und erzählte.

Aristoteles hörte aufmerksam zu. Manches, was Cyran nicht klar genug ausdrückte, reimte er sich zusammen. Dann stützte er den Kopf in die Hände und überlegte.

„Nun?“ fragte Cyran.

„Bei Herat und Tanit werde ich dir kaum helfen können“, meinte der Grieche. „Was den Gallier Eins betrifft, den die Römer Primus nennen – nun ja . . .“

„Kennst du ihn?“ fragte Cyran ungeduldig.

Aristoteles wich einer klaren Antwort aus. „Während du schläfst“, sagte er, „werde ich mich umsehen. Sollte ich Glück haben, mußt du heute nachmittag oder heute abend sehr munter sein. So übermüdet, wie du jetzt aussiehst, kämst du nicht einmal aus dieser Insula hinaus.“ Er reichte Cyran ein Schreibtäfelchen und einen Griffel.

„Schreib deinem Senator eine kurze Nachricht, damit er uns nicht einen Suchtrupp oder die Polizei auf den Hals hetzt. Aber verrate ihm nicht zuviel."

Cyran schrieb:

Ciranus an Publius Cornelius Capito.
Ich suche Herat und Tanit.
Mach Dir keine Sorgen um mich,
mir geht es gut.
Leb wohl – C

„Ausgezeichnet", lobte Aristoteles, legte ein Schutzdekkelchen auf die Schriftseite und band ‚den Brief' mit zwei Lederschlaufen zusammen. „PCC wird deine Nachricht zuverlässig erhalten", versprach er. „Jetzt schlaf."

Cyran legte sich auf das Bett, zog die Beine an – und hörte nicht einmal mehr, wie Aristoteles die Kammer verließ.

Im Schutze der Vesta

„Na endlich!" schnaufte Tanit, als Herat die Augen aufschlug. „Du schläfst ja wie ein Nilpferd! Eine halbe Ewigkeit lang hab' ich dich schütteln müssen."

Herat fuhr auf und sah sich um. „Was ist los?" fragte sie verwirrt.

„Das erzähle ich dir, wenn du dich gewaschen hast", sagte Tanit, und spöttisch setzte sie hinzu: „Ich hätte nicht gedacht, daß du so leicht schlappmachst."

Jetzt war Herat wach. „Du hast es nötig!" fauchte sie.

„*Du* bist in der Nacht umgekippt, Kindchen! Ich habe dich ins Licht geschleppt, und wenn dieser Gott nicht gekommen wäre . . ." Sie fuhr sich über die Stirn und sah an Tanit vorbei.

„Welcher Gott?" spottete die Kleine. „Da mußt du aber ganz schön beduselt gewesen sein."

„Aber nein", sagte eine Frau unter der Tür. „Der Gott, großes Mädchen, ist kein Unsterblicher, sondern ein Centurio der Forumswache."

„Die Göttin!" flüsterte Herat.

„Eine – eine Göttin!" stammelte Tanit, verneigte sich tief und streckte der weißen Dame die Hände entgegen.

„Ich bin keine Göttin", widersprach diese freundlich, „das sagte ich dir bereits, großes Mädchen. Erinnere dich."

Herat erinnerte sich an ihr erstes Erwachen in dem fremden, schmucklosen Raum – an das Gewitter, das draußen getobt hatte – an das Erscheinen der Vestalin – an die guten Worte, die diese gesprochen hatte – an die schlafende Tanit – an den Becher – und daß sie dann wohl wieder eingedöst war . . .

Nun war es spät am Nachmittag.

„Entschuldige", bat Herat die Priesterin. „Ich bin sonst nicht so verschlafen, glaub mir."

„Du warst sehr müde", sagte die Vestalin. „Willst du dich erfrischen? Dort in der Nische ist das Waschbecken."

Herat wusch sich hastig.

Die Priesterin befahl einer Sklavin, den Mädchen zu essen zu bringen. „Unbewirtet darf kein Gast ein römisches Haus verlassen", sagte sie zu Herat und Tanit, „am allerwenigsten *unser* Haus, das Atrium Vestae. Wenn ihr gegessen habt, werdet ihr mir sagen, wo ihr daheim seid, und ich werde dafür sorgen, daß ihr sicher dorthin zurückkehrt."

„Danke", murmelte Herat.

Tanit dachte praktisch. „Laß bitte der Domina Tiberia Verena bestellen, daß sie uns die Ohren nicht langziehen soll, weil wir davongelaufen sind", bat sie die Priesterin. „Wir wollten nämlich nicht fliehen, sondern nur Cyran suchen. Das ist ein gallischer Junge, den ich sehr mag; aber Herat ist in ihn unheimlich ver . . ."

Herat unterbrach sie wütend. „Schweig!"

Tanit zuckte die Achseln und schmollte.

„Tiberia Verena, die Gattin des Senators Publius Cornelius Capito?" erkundigte sich die Vestalin.

Die Mädchen nickten.

„Dann seid ihr also die ägyptischen Geiseln", sagte die Priesterin, „und ich freue mich, dem Senator einen Gefallen erweisen zu dürfen. Seit Jahren unterstützt er unser Heiligtum mit beachtlichen Summen."

Die Sklavin brachte ein Tablett mit zwei tiefen Tellern und zwei Bechern. Herat und Tanit aßen die Speise der armen Leute von Rom: mit Bohnen zusammengekochten dicken Brei aus geröstetem Spelt. Dazu tranken sie Wasser mit leicht säuerlichem Fruchtgeschmack. Obwohl sie aus der Küche des Senators Besseres gewöhnt waren, schmeckte es ihnen.

Dann bat Herat, vor der Rückkehr zu PCC der Göttin Vesta danken zu dürfen.

„Ich möchte ihr auch danken", sagte Tanit. „Vielleicht hat sie meinem Skarabäus geholfen, daß wir die beiden Kerle beißen konnten, die uns als Sklavinnen verkaufen wollten."

„Schon gut", sagte die Priesterin und winkte den Mädchen, ihr zu folgen.

Sie verließen das Atrium Vestae und traten in die Betriebsamkeit des Forum Romanum hinaus. Hier war es anders laut als in den Straßen und Gassen der Innenstadt. Senatoren in blendend weißer, purpurgesäumter Toga schritten gemessen zwischen einfachen Leuten dahin, und jeder redete und gestikulierte; aber gedämpfter als die Karrenleute und Marktschreier in den Armenvierteln. Offiziere in bunten Uniformen stachen aus dem vornehmen Weiß und dem Grau und Braun der einfachen Zivilisten besonders heraus.

Die Priesterin führte Herat und Tanit in einen Rundtempel, der dicht am Wohngebäude der Vestalinnen stand: in das Heiligtum der Vesta.

Die Mädchen wunderten sich. Da war keine Statue der Göttin, ja nicht einmal ein Mosaikbild von ihr! Da war nur ein runder Raum, in dessen Mitte auf einem Altar, der wie ein Herd aussah, ein Feuer brannte. Daneben saß eine weißgekleidete Priesterin. Sie sah jünger aus als die Vestalin, die Herat und Tanit begleitete.

Die Jüngere stand auf und verneigte sich vor der Älteren. Dann setzte sie sich wieder und blickte in die Flamme.

„Wo ist die Göttin?" fragte Herat leise die Priesterin.

„Du meinst ein Bildnis von ihr?" fragte diese zurück.

„Ja", flüsterte Herat.

„Ihr Abbild ist das heilige Feuer", sagte die Priesterin.

Herat sah in die Flamme. Da war es ihr, als wachse das Feuer zu riesiger Höhe und als würden die Flammen zu einem strahlenden Gesicht.

„Ich möchte auch Priesterin der Vesta werden", sagte sie; und es war ihr, als redete sie mit fremder Stimme.

Das Trugbild verschwand.

„Ich auch", sagte Tanit; allerdings nicht aus Überzeugung, sondern weil sie wieder einmal dasselbe tun wollte wie ‚die Große'.

„Das ist unmöglich", erklärte die Vestalin; und vor der heiligen Flamme erzählte sie den ägyptischen Mädchen von der Berufung, der Aufgabe und dem Schicksal der „Virgines Vestales", der ‚Vestalischen Jungfrauen'.

Die Priesterin, die Herat und Tanit bisher betreut hatte und nun erzählte, war die älteste Vestalin, die „Virgo Vestalis Maxima". Sie hatte Befehlsgewalt über die anderen.

Es war nicht leicht, Vestalin zu werden, und schwer, es zu bleiben.

Sechs Vestalinnen durften es sein, die im Dienste der Göttin Vesta, von der es kein Abbild gab, das heilige Feuer hüteten. Die heilige Flamme brannte im Vesta-Tempel auf dem Staatsaltar. Als Göttin des Herdfeuers und Beschützerin der Familie war die mächtige Göttin in diesem Feuer lebendig und segenspendend anwesend. Die ewige Flamme bedeutete Wohlergehen für das römische Volk, Sieg über Feinde und Schutz vor Seuchen und Unwetter. Die Priesterinnen der Vesta unterstanden der Aufsicht des Pontifex Maximus, des Obersten Priesters der Stadt Rom.

Herat und Tanit erfuhren:

Aufgabe der Vestalinnen ist es, das heilige Feuer zu hüten.

Mädchen, die sich um diesen Dienst bewerben, dürfen nicht älter als zehn Jahre sein. Sie müssen aus angesehenen römischen Familien stammen, gesund sein und dürfen keine körperlichen Fehler haben – nicht einmal eine Warze unter dem Kinn. Vater und Mutter müssen noch leben und dürfen nur auf ehrliche Weise Geld verdienen.

Aus den Mädchen, die diese Bedingungen erfüllen, wählt der Pontifex Maximus zwanzig aus, die ihm geeignet erscheinen. Die endgültig Auserwählten bestimmt dann das Los.

Diese Auserwählten gehen dann zehn Jahre lang in die ‚Schule' der Virgo Vestalis Maxima und lernen, was sie für den Dienst im Hause der Göttin und für den Dienst am römischen Volke wissen müssen. Die Vestalischen Jungfrauen hüten nicht nur das heilige Feuer, sie bewahren auch Testamente vornehmer Bürger und Staatsmänner auf, Urkunden über Grundstückskäufe und -verkäufe, über Adoptionen fremder Kinder, Freilassung von Sklaven und über Schenkungen an Heiligtümer der verschiedenen Götter.

Nach zehn Lehrjahren übernehmen die jungen Priesterinnen den Dienst am heiligen römischen Feuer.

Wehe, wenn es erlischt!

Der Pontifex Maximus läßt die Unaufmerksame auspeitschen. Besser Striemen auf dem Rücken einer Vestalin, als daß Unheil über das Reich kommt.

Grausamer Tod erwartet die Vesta- Priesterin, die das Keuschheitsgelübde bricht und sich mit einem Mann in irdischer Liebe vereinigt. Sie wird lebendig begraben.

Nach dreißig Jahren Tempeldienst darf die Vestalin ins irdische Leben zurückkehren und auch heiraten ...

Für die Strenge, der die Priesterinnen während des Vesta-Dienstes unterworfen sind, genießen sie neben hohem Ansehen in allen Bevölkerungsschichten bedeutende Vorrechte.

So dürfen sie an Feiertagen und in wichtigen Angelegenheiten auch tagsüber im Wagen durch Rom fahren. Wer sie beleidigt, wird mit dem Tode bestraft. Ein Verurteilter, der auf dem Weg zur Hinrichtung einer Vestalin begegnet, wird freigelassen ...

„Das dürfte genügen", schloß die Oberpriesterin und nickte Herat und Tanit freundlich zu. „Geht in Frieden." Sie segnete die Mädchen mit einem magischen Zeichen und führte sie aus dem Tempel hinaus.

Vor dem Atrium Vestae standen zwei fleckenlose Schimmel vor einem Reisewagen. Das Wageninnere war durch Purpurvorhänge abgeschirmt, in die grellgelbe Flammen eingestickt waren. Der Wagenlenker trug die gleichen Flammen auf seiner Tunika.

„Steigt ein", sagte die Oberpriesterin.

„Noch dämmert es nicht", meinte Herat, „und heute ist kein Feiertag."

Die Oberpriesterin lächelte. „Aber eine wichtige Angelegenheit."

„Sind diese wichtige Angelegenheit *wir*?" platzte Tanit heraus.

„Benimm dich!" tadelte Herat.

„Was eine wichtige Angelegenheit ist, bestimme ich,

die Virgo Vestalis Maxima", sagte die Oberpriesterin und schob die Mädchen in den Wagen hinein.

„Dann – dann könntest du *jeden* Tag zu einer wichtigen Angelegenheit machen?" fragte Tanit begeistert.

Darauf antwortete die Oberpriesterin nicht.

Im Wagen wurden Herat und Tanit von zwei sehr jungen Vestalinnen erwartet. „Wir begleiten euch, damit euch nichts passiert", sagten sie.

„Danke!" riefen die Mädchen der Oberpriesterin zu.

Der Wagenlenker knallte mit der Peitsche, die Schimmel zogen an. Ehrfürchtig wichen die Leute zur Seite, und viele verneigten sich. Das beobachtete Tanit durch die Vorhänge, die sie einen Spaltbreit auseinanderhielt.

Unterwegs gab es kaum Stockungen, nicht einmal im dichtesten Gewühl der Hauptstraße. Sobald die Leute die Karosse der Vesta erkannten, machten sie Platz.

Mit Einbruch der Dämmerung rollte der Wagen die Privatstraße zur Villa des Senators Capito hinauf. An den Einfallstoren der Stadt begann das Dröhnen des Nachtlärms.

PCCs Wächter am Parkeingang rissen die Torflügel weit auf. Einer rannte zur Villa, um den hohen Besuch zu melden.

Publius Cornelius Capito und Tiberia Verena gerieten vor Freude außer sich. Wenn Vestalinnen an ein Haus kamen, brachten sie Segen für alle, die darin wohnten; auch wenn sie ein fremdes Haus nie betraten.

Der Senator und seine Gemahlin erwarteten die hohen Gäste an der Eingangstreppe der Villa. Hinter ihnen drängten sich Angestellte, Freigelassene und Sklaven. Alle verneigten sich tief, als die Vestalinnen aus dem Wagen stiegen. Die Priesterinnen halfen Herat und Tanit heraus.

Da blieb Capito und der Domina die Luft weg.

Die ägyptischen Mädchen standen mit hängenden Köpfen.

Bloß nicht auspeitschen, dachte Herat, biß die Zähne zusammen und kniff die Daumen ein.

Bloß nicht in den Keller sperren und hungern lassen, wie sie es mit schlampigen Sklaven machen, dachte Tanit.

Aber nein!

Die Vestalinnen entboten dem Senator und der Domina den Gruß der Oberpriesterin und erklärten in deren Namen, daß Herat und Tanit durch glückliche Fügung der Göttin in das Atrium Vestae gekommen seien. Der edle Senator und seine edle Gemahlin sollten die Mädchen nicht mit Fragen quälen, sondern der Göttin danken, daß Tanit und Herat nichts Schlimmes zugestoßen war. Außerdem, sagten sie im Namen der Oberpriesterin, brächten die Mädchen den Segen des heiligen Feuers in die Villa des Senators.

Publius Cornelius Capito und Tiberia Verena verneigten sich tief.

Die Vestalinnen legten Herat und Tanit die Hände auf und flüsterten leise Worte, die der Senator, seine Gattin, die Diener und die Sklaven für Segenssprüche hielten.

Segen war das Geflüster nur zum Teil. Zwischen den segnenden Worten raunten die Priesterinnen den Mädchen zu: „Habt keine Angst, ihr werdet weder ausgefragt noch bestraft werden. Aber lauft nicht mehr davon." Feierlich hoben sie die Hände gegen das Haus und schrieben magische Zeichen in die Luft.

Dann stiegen sie in den Wagen und fuhren zurück.

Tiberia Verena ging auf Herat und Tanit zu, küßte sie auf die Stirn und führte sie in ihr Zimmer. Sie sagte kein Wort des Tadels und stellte keine Frage. Der Wunsch der Virgo Vestalis Maxima war Befehl.

„Ruht euch ein wenig aus", säuselte die Domina gezwungen freundlich. „Zum Nachtessen lasse ich euch rufen." Sie lächelte süßlich und verließ das Zimmer.

„Schade, daß ich keine Vestalin werden kann", seufzte Herat.

Tanit dachte schon wieder praktisch. „Dann dürftest du dem Cyran aber keine schönen Augen machen“, unkte sie spöttisch.

Herat regte sich nicht auf. „Ob er schon zu Hause ist?“ fragte sie.

„Dann wäre er neben dem Senator gestanden, als die Vestalinnen uns ablieferten“, sagte Tanit. „Aber wir können uns ja erkundigen.“ Sie öffnete die Tür, und als sie Schritte hörte, rief sie halblaut.

Ein Sklave kam.

Tanit fragte ihn nach Cyran.

Der Adoptivsohn des ehrenwerten Senators sei noch immer verschwunden, berichtete der Sklave.

Dann war Lärm im Haus. Der ehrenwerte Senator tobte wieder einmal. Ein Posten vom Parktor hatte ihm ein beschriebenes Wachstäfelchen gebracht, das ein vermummter Kerl abgegeben hatte.

Auf das Täfelchen hatte Ciranus, dieser undankbare gallische Dickschädel, geschrieben, daß er Herat und Tanit suche, daß es ihm gutgehe und daß er, der Senator Capito, sich keine Sorgen machen solle.

PCC verwünschte sämtliche Geiseln im allgemeinen, Ciranus im besonderen und Cäsar, der ihm diesen Burschen aufgedrängt hatte, dazu.

Dann ging ihm die Puste aus. Zwei Sklaven rieben ihn mit Kräuteröl ein.

In der Villa wurde es ruhig. Mit Rücksicht auf den japsenden Senator unterhielten sich die anderen weiterhin aufgeregt, aber nur ganz leise.

Überraschungen am Tiber

Erst am späten Abend kehrte Aristoteles in seine Bruchbude zurück.

Cyran schlief noch immer.

Aristoteles zündete den Docht einer Öllampe an und stieß einen Stuhl um. Das weckte Cyran auf.

„Da bin ich wieder“, sagte der Grieche und wischte sich den Schweiß vom Gesicht. „Nach dem Gewitter hat es zwar abgekühlt, aber das Laufen hat mich fertiggemacht.“

„Welches Gewitter?“ fragte Cyran

„Ich hatte recht, dich ausruhen zu lassen“, sagte Aristoteles. „Du warst so hundemüde, daß du den Jahrhundertsturm von heute nachmittag verschlafen hast. Wie fühlst du dich jetzt?“

Cyran sprang auf, packte den Griechen am Arm und fragte aufgeregt: „Hast du sie gefunden?!“

„Die Mädchen nicht“, antwortete Aristoteles. „Aufgestöbert habe ich den Gallier Eins, den die Römer Primus nennen, und seine Männer. Es war ein hartes Stück Arbeit. Tut mir leid, daß ich dich nun doch um etwas Geld bitten muß. Ich versprach einigen Leuten, die mir weiterhalfen, drei Krüge Wein.“

Cyran hielt ihm seine zwei Silberdenare hin.

„Einer genügt“, sagte Aristoteles.

„Bring mich zu den Galliern“, drängte Cyran. „Ich weiß, daß sie mir helfen werden, und müde bin ich auch nicht mehr. Los, gehen wir!“

Aristoteles winkte ab. „Immer mit der Ruhe. Zuerst mußt du etwas essen. Mit leerem Magen würdest du bald zusammenklappen.“ Er hatte ein Fladenbrot mitgebracht, und Wein war noch da.

„Essen?“ rief Cyran ungeduldig. „Es geht um Herat

und Tanit! Jeden Augenblick kann ihnen Schlimmes zustoßen! Da soll ich essen?! Bring mich zu Eins – sofort!“

„Iß!“ befahl der Grieche und hob den Weinkrug. „Iß und trink, oder ich schlage dir den Krug auf den Schädel!“

Cyran griff zu; nicht aus Furcht vor der Drohung, sondern wegen der scharfen Stimme des klapprigen Griechen. Cyran hätte ihn mühelos niederschlagen können, doch die Stimme forderte Gehorsam.

„Die Gallier freuen sich, dich wiederzusehen“, erzählte Aristoteles. „Sie denken, daß du ihnen heute sehr nützlich sein wirst.“

„Ich ihnen?“ fragte Cyran mit vollem Mund.

Der Grieche nickte. „Das sagten sie. Wir werden ziemlich weit und sehr vorsichtig gehen müssen, wenn deine Freunde uns kein Totenopfer bestellen sollen.“

„Du redest, als ob sich Eins und seine Männer nicht in Rom, sondern in der Unterwelt aufhielten“, brummte Cyran.

Aristoteles nickte ihm zu. „Da hast du nicht ganz unrecht.“

„Wenn du mir Angst machen willst, bist du schief gewickelt“, trotzte Cyran. „Gehen wir, ich bin soweit.“

„Danke den Göttern, wenn wir in dieser Nacht heil zu Eins kommen und morgen heil wieder zurück“, sagte der Grieche sehr ernst. „Komm jetzt!“

Sie gingen. Erst als sie die Insula verlassen hatten, merkte Cyran, daß sein Begleiter keine Waffe trug.

Als ob er die Gedanken des Jungen erraten hätte, sagte Aristoteles: „Da, wo wir durchmüssen, haben wir es mit Leuten zu tun, gegen die wir uns nicht verteidigen können. Sie sind keine ehrlichen Kämpfer, die von vorn angreifen; sie stoßen in den Rücken. Dagegen helfen nur Aufmerksamkeit und vollkommene Stille. Ich werde dir ein Zeichen geben, wenn du dich weder bewegen noch atmen darfst – verstanden?“

„Verstanden“, murmelte Cyran und fühlte sich gar nicht mehr so tapfer.

Aristoteles fuhr fort: „Wenn ich dir zurufe, daß du weglaufen sollst, dann lauf, so schnell du kannst. Dreh dich nicht um. Lauf weiter, selbst wenn dir die Luft wegbleibt.“

„Und du?“ fragte Cyran unsicher.

„Um mich brauchst du dich nicht zu kümmern“, sagte der Grieche. „Jetzt geh weiter, sonst bleiben wir *hier* schon hängen.“

Sie zwängten sich durch das Gewühl der Wagen, Karren und Fußgänger. Da sie nicht vornehm gekleidet waren, wurden sie kaum beachtet.

Aristoteles führte Cyran zu einem Tor, durch das Fuhrwerke und Lastträger in großer Zahl hereindrängten. Es war die Porta Salutaris. Cyran erkannte sie, als er den Quirinus-Tempel ganz in der Nähe sah.

Sie drängten hinaus. Dann lag das Marsfeld vor ihnen, der gewaltige Aufmarsch- und Truppenübungsplatz der römischen Legionen. Jetzt lag er im Dunkel. Der Lichtschein, der von den Fahrzeugen auf der Via Flaminia herüberschimmerte, erreichte nur den Ostrand des weitgedehnten Platzes. Noch weiter im Westen, wußte Cyran, floß der Tiber. Das Dröhnen der Räder übertönte sein Rauschen.

Aristoteles faßte Cyran bei der Hand und zog ihn vom Straßenrand fort. „Die erste Strecke ist ziemlich sicher“, sagte er. „Wir überqueren das Marsfeld, da gibt es weder Schlupfwinkel noch Hinterhalte. Schwierig wird es, wenn wir zum Fluß kommen.“

„Aber die Ufer sind doch versumpft“, wandte Cyran ein.

„Nur zum Teil“, sagte Aristoteles. „Es gibt trockene Plätze für die, die sich auskennen. Der Sumpf, der sie umgibt, ist manchen Leuten sicherer als eine Mauer.“

„Und dort sind die Gallier?“ fragte Cyran erstaunt.

„Ungefähr“, sagte der Grieche.

„Und du“, flüsterte Cyran aufgeregt, „du kennst die trockenen Plätze und – den sicheren Weg?“

„Ich kenne ihn“, versicherte Aristoteles. „Präge dir genau ein, wohin du mit mir gehst. Falls du fliehen müßtest, wäre ein Fehltritt tödlich.“

Cyran blickte zum Himmel hinauf. Nur schwach schimmerte das Licht der Sterne durch den Dunst, der auf Fluß und Marsfeld lag.

„Vorwärts, Aristoteles!“ sagte er heiser.

Sie gingen ins Dunkel.

Es war nicht sehr weit von der Porta Salutaris bis zum Fluß, und am Tag wäre das Überqueren des Marsfeldes ein Spaziergang gewesen. Jetzt, in der Dunkelheit, schien der Weg kein Ende zu nehmen. Dazu fielen Cyran die albernen Geschichten ein, die er von abergläubischen Sklaven gehört hatte. In der Nacht, behaupteten sie, sei es an keinem Fluß geheuer, am allerwenigsten am Tiber. Da trieben Wasser- und Sumpfdämonen ihr Unwesen, und die Geister verdammter Verstorbener lauerten im Morast, um Wanderer in die Tiefe zu ziehen. Sobald sie einen Lebendigen erstickt hätten, würde eine ihrer verdammten Seelen erlöst.

Das ist selbstverständlich Unsinn, redete Cyran sich ein, aber so ganz sicher war er nicht. Daheim in Gallien redeten viele Leute ähnlich.

Ob nicht das räuberische Gesindel, das sich an sumpfigen Flußufern versteckt, diese Gerüchte ausstreut, um Verfolger abzuschrecken? überlegte er weiter. Räuber und Banditen gibt es am Tiber, das hat Aristoteles deutlich gesagt!

„Pssst!“ flüsterte der Grieche. „Jetzt atme leise und mach die Ohren auf; es wird ernst.“

Das Knirschen des Sandes unter den Tritten hatte aufgehört. Der Boden wurde nachgiebiger, das Gras höher. Cyran streifte an Sträucher.

Das Marsfeld war zu Ende, das verwucherte Ufergebiet mit seinen Gefahren begann.

Aristoteles faßte Cyran an der Hand und zog ihn hinter sich her. „Greif mit der freien Hand um dich und fühle mit den Füßen", flüsterte er. „Ich werde langsam gehen."

„Ja", flüsterte Cyran zurück.

Der Boden wurde weich, manchmal gluckerte Wasser unter den Füßen. Das Rauschen des Flusses übertönte das Räderrollen auf der Straße im Osten.

Cyran lauschte aufgeregt und zuckte schon beim Knakken von Ästchen zusammen. Zur Unsicherheit kam die Neugierde auf das, was kommen würde.

Allmählich gewöhnte er sich an das Dunkel.

Zunächst kam der Sumpf. Manchmal sanken sie bis über die Knöchel ein, doch Aristoteles ertastete immer wieder festen Boden.

Geister und Banditen griffen nicht an, sie ließen nicht einmal von sich hören. Der Morast zog weder den griechischen Lehrer noch den gallischen Jungen in die römische Tiefe hinunter.

Büsche versperrten den Weg, Schilfblätter stachen, die Nässe unter den Füßen wurde immer unangenehmer. Das Rauschen des Flusses klang überlaut. Irgendwo in der Nähe mußte ein Steinriff sein, an dem sich die Tiberwellen brachen.

Aristoteles und Cyran zwängten sich durch Äste, Zweige, Schilf und Schlinggewächse. Wasser und Schlamm durchnäßten sie, Dornen kratzten über Hände und Gesicht.

Da war der Fluß.

Im Wasser spiegelten sich Sternpünktchen, die den Dunst gerade noch durchdrangen. Die Wellen verzerrten sie, daß sie wie Goldfische aussahen, die sich im Wasser tummelten.

Aristoteles blieb stehen.

Cyran fühlte, daß sich Entscheidendes vorbereitete.

Tatsächlich!

Ganz in der Nähe rief eine Stimme in das Rauschen des Wassers: „Danke, Aristoteles, du kannst jetzt gehen!“

„Ja, Primus“, hörte Cyran den Griechen antworten, dann sagte dieser zu ihm: „Ich wünsche dir Glück, mein Junge. Besuch mich wieder, wenn alles gut abgelaufen ist. Leb wohl.“

Cyran fühlte den Händedruck, dann hörte er ein Knakken im Gesträuch, und der Grieche war verschwunden.

„Gut, daß du da bist“, sagte Eins und legte Cyran die Hand auf die Schulter. Cyran sah den Mann vor sich undeutlich, aber die Stimme hatte er sofort erkannt.

„Komm“, sagte der Gallier. „Wir müssen über den Fluß. Ich habe ein Boot mitgebracht. Gib mir die Hand.“

Er schien Nachtaugen zu haben. Wo Cyran nur Schemen entdeckte, sah Eins deutlich. Er half Cyran in einen schaukelnden Kahn, band diesen los, sprang hinterher und brachte das Boot ins Gleichgewicht. Kurz darauf schlug er die Ruder ins Wasser und trieb den Kahn quer gegen die Strömung.

Die Fahrt dauerte nicht lange.

Sie stiegen aus, Eins vertäute das Boot. Dann führte er Cyran durch das Ufergewirr der Gegenseite. „Wir müssen nicht weit gehen“, sagte er.

Schilf und Ufergestrüpp blieben zurück.

Ein Pferd stand an einen Strauch gebunden.

Eins löste die Zügel und bedeutete Cyran aufzusteigen. Dann schwang er sich hinter ihm auf den Rücken des Tieres.

„Vorwärts, Hector!“

Eine kurze Strecke ritten sie über eine Ebene, dann stieg das Gelände an. Der Hügel war bewaldet, unter den Bäumen war es dunkel.

Eins kannte sich aus. In Serpentinen ritt er hangaufwärts.

Hier war Cyran noch nie gewesen. Vergebens versuchte er sich den Weg einzuprägen. Er fand keine Anhaltspunkte. In der Dunkelheit erkannte er keinen Pfad.

Auch der Ritt hangauf dauerte nicht lange.

Sie erreichten eine Lichtung, die sich bis zum Ende des Hügels hinaufzog. Dort, auf einem Plateau, standen Gebäude. Cyran erkannte sie in Umrissen. Anscheinend war es ein Bauernhof mit Stall, Scheune und Geräteschuppen. Eins ritt darauf zu.

„Bringst du mich zu Herat und Tanit?“ fragte Cyran.

„Die ägyptischen Mädchen sind längst zu Hause“, sagte Eins.

„Was?!“ rief Cyran.

„Zwei Vestalinnen brachten sie zu PCC zurück“, berichtete Eins.

„Wann?“ fragte Cyran.

„Mit Einbruch der Dämmerung“, sagte Eins.

„Da war ich bei Aristoteles“, murmelte Cyran. „Warum hat er es mir nicht erzählt?“

„Er wußte es nicht“, erklärte Eins.

Cyran ballte die Fäuste. „Aber *du* hast es gewußt, als Aristoteles mich zu dir brachte!“ stieß er hervor.

Eins gab es zu.

„Warum hast du es mir nicht sofort gesagt?!“ rief Cyran zornig. „Warum schleppst du mich hier herauf?! Du hast gewußt, daß ich die Mädchen suche!“

Eins nickte. „Ich wußte es, aber schrei nicht so herum.“ Er merkte, daß Cyran vom Pferd springen wollte, hielt ihn fest und sagte scharf: „Mach keine Dummheiten, Junge! Oder sollte ich mich so sehr in dir getäuscht haben? Ist Vercingetorix dir gleichgültig geworden?“

„Du brauchst mich nicht länger festzuhalten“, sagte Cyran beschämt. „Entschuldige.“

„Schon gut“, brummte Eins.

Sie kamen an eine niedrige Mauer, die die Gebäude einfriedete. Am Zugang stand ein Bewaffneter in Zivil.

„Hast du einen Gast mitgebracht, Primus?“ fragte er im lateinischen Dialekt der Bergbauern.

„Erraten, Marius“, antwortete Eins. „Alles in Ordnung hier?“

„Alles in Ordnung“, meldete der Posten.

Eins und Cyran stiegen ab. Eins warf dem Wächter die Zügel zu, und dieser brachte das Pferd weg.

Eins führte Cyran über den Hofraum zum Wohngebäude. Da klopfte er in bestimmtem Rhythmus gegen die Haustür. Innen murmelte jemand ein Wort, das Eins mit „Jupiter“ beantwortete. Das Erkennungszeichen, dachte Cyran.

Er hatte recht. Die Tür wurde geöffnet, sie traten in den Schein einer Öllampe.

Auch der Mann hinter der Tür war bewaffnet. Eins nickte ihm zu und brachte Cyran in eine Art Atrium. Es war ein bäuerlich eingerichteter Raum ohne jeden Schmuck. Beleuchtet wurde er von Öllampen, die in Nischen standen, und Fackeln, die in Halteringen an den Wänden steckten.

Um einen langen Tisch saßen etwa zwanzig Männer herum. Cyran erkannte die Gallier Zwei, Drei, Vier und Fünf. Sie nickten ihm zu.

Eins stellte vor: „Das ist Cyran, der Sohn des Fürsten Tac und Geisel für Cäsar.“ Er sagte es in der Sprache der Römer. Die Männer murmelten einen Gruß.

Cyran verneigte sich verwirrt. Nein, dachte er, wie in einem Schlupfwinkel sieht es hier nicht aus. Dann hielt er die Hand auf den Mund, um nicht loszuschreien. Aus großen Augen starrte er auf die hohe Gestalt, die durch die gegenüberliegende Tür den Raum betrat.

Es war Tothmes, der Ägypter!

Befehle des Senators

Publius Cornelius Capito hatte sich erholt. Die Kräuteröl-Massage und der Schlaf waren ihm bestens bekommen. Im Raum roch es nach Blüten. Dem Öl, das in kunstvoll geformten Lampen brannte, waren Duftstoffe von Nelken und Lilien beigemischt.

PCC rieb sich die Augen, gähnte laut, stand auf, streckte sich und schlug an den Gong.

Ein Sklave erschien.

„Die Domina!" befahl der Senator.

Der Sklave lief.

Kurz darauf kam Tiberia Verena. Sie hatte kein Auge zugemacht und sah übernächtigt aus.

„Alles in Ordnung?" erkundigte sich PCC. „Aber ja", erwiderte sie unfreundlich. „Hast du mich kommen lassen, um blödsinnige Fragen zu stellen?"

„Herat und Tanit hätten ja noch einmal durchgehen können", meinte Capito.

„Ausgeschlossen", versicherte Tiberia Verena. „Unsere zuverlässigsten Leute bewachen sie strenger als je zuvor, und ich selbst habe immer wieder nach ihnen gesehen. Was glaubst du denn, warum ich so müde bin?"

„Schon gut", brummte PCC. „Reg dich nicht auf."

„Morgen lasse ich die Mädchen wegbringen, damit sie sich Ciranus aus dem Kopf schlagen", fuhr die Domina fort. „Sooft die drei zusammenstecken, hecken sie gefährliche Dummheiten aus. Hast du bemerkt, daß Herat dem Ciranus schöne Augen macht und er sie anhimmelt?"

„Kinderei", meinte PCC.

Die Domina widersprach: „Sie sind in einer komischen Phase, Capito. Denk daran, daß Jungen und Mädchen ihres Alters in Rom völlig gesetzmäßig Mann und Frau werden können!"

PCC fühlte sich unbehaglich. „Wegbringen, Tiberia? Wohin denn?“

„Auf unser Landgut in den Sabiner Bergen“, bestimmte sie energisch. „Dort arbeiten unsere vertrauenswürdigsten Leute. Außerdem wirst du den Mädchen als Lehrer und Oberaufpasser deinen Ägypter mitgeben.“

„Tothmes?!“ rief Capito. „Aber . . .“

Tiberia Verena stampfte mit dem Fuß auf und fuhr ihn an: „Widersprich mir nicht, Senator! Herat, Tanit und Tothmes fahren morgen so frühzeitig ab, daß sie mit Beginn der Dämmerung die Stadt verlassen haben. Du wirst sechs Reiter stellen, die den Wagen begleiten.“ Jetzt wurde sie etwas freundlicher. „Sieh ein, Capito, daß es so am besten ist. Wenn die Mädchen auf unserem Gut dann auch körperlich beansprucht werden, kommen sie auf keine dummen Gedanken mehr.“

„Du willst doch nicht, daß Herat und Tanit arbeiten?“ schnaufte PCC.

Die Domina lachte. „Und ob ich das will! Wer sagt denn, daß Geiseln ein Herrschaftsleben führen müssen? Arbeit hat noch niemandem geschadet. Du solltest Ciranus ebenfalls einspannen. Er treibt sich bei Leuten herum, die es nicht gut mit uns meinen.“

Jetzt fiel PCC wieder ein, warum er die Domina gerufen hatte. „Liebe Tiberia“, brummte er gereizt, „ich bitte dich sehr dringend, endlich die Luft anzuhalten und mir zuzuhören!“

„Capito!“ fauchte die Dame. „Wie sprichst du zu mir!“

„Ruhe!“ polterte der Senator, und jetzt stampfte *er* mit dem Fuß auf.

Tiberia Verena schwieg. PCC hörte, wie sie mit den Zähnen knirschte. Er verbiß ein Schmunzeln und fuhr gewollt streng fort: „Um Mitternacht werde ich dem übelsten Banditen Roms gegenübertreten und ihn zwingen, unsere dreizehn Männer freizulassen, die er in seine gemeine Falle gelockt hat. Während ich außer Haus bin,

trägst *du* hier jede Verantwortung. Es könnte sein, daß P meine Abwesenheit benutzt, um unsere Villa von einigen seiner Räuber überfallen zu lassen."

„Überfallen?" japste die Domina erschrocken. „Aber warum denn?"

„Zum Beispiel – um dich zu entführen", unkte PCC todernst.

„*Mich*, Capito?" stöhnte Tiberia Verena entsetzt.

„Als Geisel", erklärte PCC mit dumpfer Stimme, „um mich zu erpressen." Wieder stampfte er mit dem Fuß auf. „Alles wegen ihres verdammten Vercingetorix! Aber sie sollen sich täuschen! Diesen Halunken mache ich keine Zugeständnisse!"

„Dann würdest du mich kaltblütig opfern, Capito?!" kreischte Tiberia Verena. „Ab sofort bist du nicht mehr mein Gemahl, sondern ein Ungeheuer!"

PCC winkte ab. „Rede keinen Unsinn. Du weißt genau, wie sehr ich an dir hänge, obwohl du dich manchmal wie ein Drache benimmst."

„Na hör mal!" fuhr sie auf.

„Es war keine Beleidigung, sondern nur eine Feststellung", entschuldigte er sich. „Jetzt hör mir zu und befolge, was ich dir rate. Dann kann dir nichts passieren."

„Ich höre", murmelte Tiberia Verena und nahm sich vor, es ihrem Gatten heimzuzahlen, wenn alles gut überstanden war. Dann sollte er jede Beleidigung doppelt und dreifach büßen!

PCC ordnete an: „Sobald ich das Haus verlassen habe, begibst du dich in das Zimmer der Mädchen und bleibst bei ihnen, bis ich zurückkomme. Damit gewinnen wir doppelte Sicherheit. Erstens bewachst du die Mädchen unmittelbar, zweitens bewachen die Posten vor dem Zimmer nicht nur Herat und Tanit, sondern auch dich. Verriegle die Zimmertür von innen und öffne niemandem, der dir nicht das Losungswort „Cäsar" nennt. Dieses Wort werde ich nur dem Aufseher der Wache bekanntgeben. Öffne nicht, auch wenn jemand wie verrückt an die Tür schlagen sollte."

„Aber", wandte Tiberia Verena ein.

PCC ließ sie nicht weitersprechen. „Ich weiß, was du einwerfen möchtest", sagte er nachsichtig. „Du willst mich fragen, wie du eine Tür verriegeln sollst, an der sich innen kein Riegel befindet."

„Allerdings", brummte die Domina.

PCC schmunzelte. „Nach dieser Unterredung wird der Sklave Henricus je zwei starke Eisenklammern zu beiden Seiten der Tür in die Wand schlagen und zwei Eisenstangen bereitlegen. Diese kannst du, wenn nötig mit Herats Hilfe, durch die Klammern schieben, und die Tür ist verriegelt. Alles klar?"

Die Domina nickte grimmig.

PCC traf seine nächste Anordnung: „Für alle Fälle nimmst du eine Waffe mit, liebe Tiberia. Nur zur Vorsicht, denn du wirst dich kaum verteidigen müssen. Trotzdem wollen wir diese Möglichkeit nicht außer acht lassen. Überleg dir, mit welchem Eisen du am besten umgehen kannst."

„Ja, Capito", murmelte die Domina. Dann gab sie sich einen Ruck und fragte: „Mußt du wirklich selbst gehen? Genügt es nicht, den Ägypter zu schicken?"

PCC schüttelte den Kopf. „Es genügt *nicht*, teuerste Gemahlin. *Ich* muß mit dem Anführer der Bande verhandeln, aber nur zum Schein. Sobald ich ihn in Sicherheit gewiegt habe, gebe ich meinen Leuten ein Zeichen. Dann werden sie über den Schurken herfallen und ihn gefangennehmen. Nur so bekomme ich unsere dreizehn Leute frei, glaub mir. Wenn der Anführer in meiner Hand ist, wird es uns nicht schwerfallen, ihm die Namen seiner Kumpane zu entlocken. Sieh ein, Tiberia, daß ich selbst gehen muß. Tothmes würde diesen P mit all seinem Zauber niemals in die Falle locken. Ich nehme ihn trotzdem mit. Ein bißchen Hokuspokus zur richtigen Zeit kann nicht schaden.“ Er nickte der Domina zu. „Das wär’s, meine Liebe. Mach’s gut.“

Tiberia Verena verabschiedete sich kühl. Dann ging sie zuerst in die Küche. Als sie das Zimmer der Mädchen betrat, schlug der Sklave Henricus soeben die Klammern für die Verriegelung ein. Herat und Tanit hatten die Bettdecken bis über die Nase gezogen und guckten ängstlich zu. Im Zimmer brannte eine Öllampe mit kleiner Flamme.

Der Sklave ging, Tiberia Verena schob die Eisenstäbe durch die Klammern und beruhigte die Mädchen. Von den Aufregungen des Tages übermüdet, schliefen Herat und Tanit bald wieder ein.

Die Domina setzte sich auf die gepolsterte Wandbank und lehnte sich zurück. Sie saß unbequem, aber das fand sie gut. Sie wollte nicht einnicken, um womöglich im Schlaf überrascht zu werden. Neben ihr lag das größte Messer, das sie in der Küche gefunden hatte . . .

Rechtzeitig vor Mitternacht brach PCC mit seiner Begleitung auf. Um die Füße zu schonen, ließ er sich von Sklaven in der Sänfte tragen. So geriet er auch nicht unmittelbar in den nächtlichen Straßentrubel. Vor, neben und hinter der Sänfte marschierten die Männer der Leibgarde, ganz vorne der Kommandant. In der Faust hielt er eine geflochtene Lederpeitsche. Die brauchte er, um Platz zu schaffen. Dicht hinter der Sänfte ging Tothmes, der Ägypter. Er trug, wie die anderen Männer des PCC, einen grauen Mantel mit tief ins Gesicht gezogener Kapuze.

Capito hatte alle genau informiert. Jeder wußte, was er zu tun hatte.

Breit und zufrieden saß der Senator in seiner Sänfte und sah dem Kommenden wie einem interessanten Schauspiel entgegen. So, wie er das Zusammentreffen geplant hatte, konnte nichts danebengehen. Selbst wenn dieser P Kumpane mitbrachte, die im Hintergrund lauerten, würde es ihm nicht helfen. Gegen derartige Überraschungen war Tothmes gut. Bevor sich die über den Zauber Erschrockenen gefaßt hätten, wäre ihr Anführer gefangen.

PCC summte ein Soldatenlied, das er vor Jahren beim Militär gelernt hatte. Damals war er ein junger Kriegstribun und nicht so fett wie jetzt gewesen.

In die Melodie lärmten Räderrasseln und Stimmengewirr von draußen herein, dazwischen klatschte die Peitsche des Kommandanten.

Der falsche Ägypter

Im Atrium des Bauernhofes herrschte atemloses Schweigen. Cyran starrte den Ägypter Tothmes an, Eins und die anderen Männer sahen gespannt auf Cyran.

Tothmes war „magisch“ erschienen. Auf das Gesicht hatte er sich glitzernden Staub geklebt, der im Zucken der Fackeln und Öllichter gespenstisch aufblitzte. Noch deutlicher schimmerten die bunten Steine am Spitzhut. Nur den mit Zauberzeichen bestickten Mantel, den Cyran schon oft gesehen hatte, trug der Ägypter nicht. Er hatte einen grauen Umhang übergeworfen, den eine Agraffe über der Schulter zusammenhielt. Tothmes stand mit gekreuzten Armen und sprach kein Wort.

Cyran ging auf ihn zu, blieb dicht vor ihm stehen, sah ihm ins Gesicht und redete einige Worte, die den anderen fremd klangen. Der Ägypter erwiderte nichts darauf.

Und Cyran sagte: „Er ist nicht Tothmes.“

Die Männer am Tisch sprangen auf und redeten und

schrien durcheinander. Die Gallier Zwei, Vier und Fünf schimpften auf Drei. Nur der Mann, der sich für Tothmes ausgab, blieb ruhig.

Eins packte Cyran am Arm. „Wieso weißt du, daß er *nicht* Tothmes ist?!“ fuhr er ihn an.

„Ich kenne den richtigen Tothmes“, sagte Cyran. „Wir haben uns ein bißchen angefreundet, und er versuchte mir Ägyptisch beizubringen. Das ist jedoch eine Sprache, an der ein Gallier sich die Zunge bricht. Ich hatte bald kein Interesse mehr daran, und Tothmes verlor die Geduld mit mir. Nur einige Sätze habe ich behalten, allerdings spreche ich sie fürchterlich aus. Da fragte ich eben den angeblichen Tothmes, ob er gern geröstete Heuschrecken esse, weil das nämlich seine Leibspeise ist, die er in Rom nur selten bekommt. Der falsche Tothmes gab keine Antwort, weil er meine Frage nicht verstanden hatte. Der *echte* hätte die Augen verdreht und mit der Zunge geschnalzt. Außerdem kreuzt der falsche Tothmes den linken Arm über den rechten, das tut der richtige nie. Er behauptet, daß links über rechts den Fluch der Dämonen und schreckliches Unheil bringe. Drittens schließt der graue Mantel nicht ganz, ich erkenne darunter eine römische Tunika. Die würde Tothmes niemals tragen.“

„Idiot!“ fuhren Zwei, Vier und Fünf den Gallier Drei an.

Der verteidigte sich beleidigt. „Ihr könnt mich mal, ihr Holzköpfe! Ich hab' den richtigen Zauberer nur ganz kurz gesehen und von seiner Maskerade nicht viel im Kopf behalten. Denkt gefälligst daran, daß ihr das meiste über Tothmes von den dreizehn Gefangenen erfahren habt!“ Wütend deutete er auf den angeblichen Ägypter an der Tür. „Wenn der Spaßvogel weder ägyptisch aussieht noch ägyptisch redet, dann scheißt die PCC-Leute zusammen, verdammt noch mal!“

„Schon gut, Drei“, beruhigte Eins den Erbosten.

Wieder war Lärm. Einige Männer forderten, die dreizehn Gefangenen zu bestrafen, weil sie den Zauberer Tothmes absichtlich falsch beschrieben hätten.

Eins befahl Ruhe. „Weder Drei noch die Gefangenen sind schuld!“ rief er den Erbosten zu. „Die Sprache der Ägypter und die Art, wie Tothmes die Arme kreuzt, sind Dinge, die selbst einen geschulten Spion aufs Kreuz legen können.“ Er wies auf den Mann an der Tür. „Daß sein Mantel nicht richtig schließt, ist eine Schlamperei, an der wir alle schuld sind!“

Die Männer protestierten.

„Wir alle!“ wiederholte Eins. „Oder war einer von euch *nicht* dabei, als wir den falschen Tothmes überprüften, bevor ich Cyran zu uns brachte?“

Jetzt widersprach keiner mehr.

Eins wandte sich an Cyran: „Aber sonst wäre die Täuschung vollkommen?“

„Für mich schon“, gab Cyran zu. „Ich denke, daß sogar PCC darauf hereinfallen würde, wenn der falsche Tothmes ihm nicht zu nahe kommt.“

„Das genügt“, sagte Eins.

Einer der Männer klatschte in die Hände und befahl einem Sklaven, das Essen aufzutragen. Eins und Cyran setzten sich mit an den Tisch. Der falsche Ägypter nahm Spitzhut und Mantel ab und setzte sich ebenfalls. Die funkelnden Splitter im Gesicht wischte er nicht weg. „Die brauche ich noch“, erklärte er Cyran.

Der verstand überhaupt nichts mehr. „Was soll das alles?“ fragte er hilflos.

„Psst!“ flüsterte Eins ihm zu. „Jetzt kommt das Obst. Besseres als das des Marcus Petronius Postumus findest du nicht in Rom. Es ist auf römischem Boden gewachsen, mit römischem Wasser getränkt, mit römischem Mist gedüngt – und schmeckt trotzdem. Greif zu, mein Freund.“

Das Obst schmeckte köstlich. Trotzdem fieberte Cyran vor Ungeduld. Eins merkte es und sagte ihm Bescheid:

Der Bauernhof, in dem die Männer zusammengekommen waren, war das kleinste von vier Gütern des Ritters Marcus Petronius Postumus. Dieser, ein römischer Adeliger aus vornehmer Familie, war insgeheim – wie andere adelige Römer auch – Cäsars erbitterter Feind. Er gehörte zum Kreis der vielen, die des Feldherrn Alleinherrschaft um jeden Preis verhindern wollten. Die römischen Feinde des Feldherrn verbündeten sich mit allen, die gegen Cäsar waren; auch mit Galliern, deren Vercingetorix sie völlig kalt ließ.

„Marcus Petronius Postumus ist unser Mann, aber Cäsars Spitzeln unverdächtig“, schloß Eins seinen Bericht. „In seinem Bauernhof sind wir sicher. Auch die Gefangenen sind hier untergebracht. Auf Postumus ist Verlaß. Er würde eher sterben als uns verraten.“

Sklaven trugen Getränke und die Hauptspeise auf. Die Männer griffen zu. Es gab Tiberfische in Würzsoße und verdünnten Wein aus dem italienischen Süden.

Dann hielt Eins eine Ansprache in bestem Latein. Sooft er besonders hart gegen Cäsar redete, klatschte der Mann, der den Sklaven befahl, laut in die Hände. Es war Marcus Petronius Postumus, der römische Ritter.

Je länger Cyran zuhörte, desto mehr staunte er. Hier, erkannte er immer deutlicher, hatte er es nicht bloß mit einigen Aufständischen zu tun; hier war der Kern einer weitgespannten Verschwörung gegen den mächtigen Gaius Julius Cäsar.

Verschworen hatten sich Gefangene und Freigelassene unterjochter Völker und Stämme; dazu Römer, die keinen Imperator dulden, sondern die Republik erhalten wollten. Ausländische Fürsten, denen Cäsars Legionen Niederlagen beigebracht hatten, unterstützten die Rebellen mit Waffen und Geld. Trotzdem reichte es noch lange nicht zum Losschlagen.

Die Hauptverschwörer lebten in Rom. Sie hatten sich so raffiniert getarnt, daß ihnen Cäsars gerissenste Spitzel nicht auf die Schliche kamen.

Zu den Unverdächtigen gehörte der Ritter Marcus Petronius Postumus. Er hatte in Cäsars berühmter zehnter Legion gedient und mehrere Tapferkeitsauszeichnungen erworben. Cäsars Gegner war er geworden, als er erkannte, daß sich der ehrgeizige Feldherr mit Hilfe seiner Legionen zum Imperator machen wollte. Marcus Petronius Postumus war leidenschaftlicher Gegner jeder Diktatur. Außerdem mochte er Cäsar auch aus gekränkter Eitelkeit nicht. Bei der letzten Verteilung der Kriegsbeute war er, der tapfere Kämpfer, schlechter weggekommen als ein Drückeberger aus dem Geschlecht der Julier, dem Cäsar entstammte.

Das Landgut am Hang, das Marcus Petronius Postumus von einem vertrauenswürdigen Pächter bewirtschaften ließ, wurde zu einem Zentrum der Verschwörer.

Erst vor kurzem waren der römische Ritter und der Gallier Eins in einer Schenke zusammengetroffen.

„Infolge gnädiger Fügung des Kriegsgottes Mars“, wie Postumus behauptete.

„Dank der Hilfe des Teutates“, wie der Gallier Eins sagte, dessen beide Schlupfwinkel entdeckt worden und nicht mehr sicher waren. Postumus und Eins hatten einander abgetastet, die gemeinsame Feindschaft zu Cäsar festgestellt, und die Gallier Eins bis Fünf waren zu den P-Verschwörern gestoßen.

Aus P war Doppel-P geworden: P für Postumus und P für Primus.

P-Postumus hatte nichts dagegen, daß P-Primus das Kommando im Landgut übernahm. So konnte er, der Ritter, sich weiterhin unverdächtig in der Öffentlichkeit bewegen und neue Verschwörer gewinnen.

Als gutes Zeichen sah Eins an, daß sich der bekannte, wenn jetzt auch abgewirtschaftete Lehrer Aristoteles in Cyrans Auftrag nach ihm erkundigte.

„Du hast uns sehr geholfen“, sagte Eins jetzt zu Cyran.

„Wieso?“ fragte dieser erstaunt.

„Du hast uns gezeigt, was wir am falschen Tothmes verbessern müssen“, erklärte Eins. „Für den Zweikampf der Zauberer brauchen wir einen täuschend ähnlichen Tothmes.“

„Zweikampf der Zauberer?“ wiederholte Cyran verwirrt.

„Um Mitternacht an der Porta Salutaris“, sagte Eins. „Wie ich PCC kenne, wird er mich übertölpeln wollen.“ Er lachte. „Mit Hilfe *unseres* Tothmes werden *wir ihn* überrumpeln.“

„Das verstehe ich nicht“, murmelte Cyran.

„Du wirst es erleben”, warf Marcus Petronius Postumus ein. „Oder willst du lieber bei mir bleiben? Ich selbst darf leider nicht mit zur Porta Salutaris, so gern ich es möchte. Ich muß im Hintergrund bleiben und darf kein Risiko eingehen – alles der Verschwörung zuliebe.“

„Selbstverständlich gehe ich mit!“ rief Cyran.

„Meinetwegen“, sagte Eins. „Bis dahin bringst du unserem Tothmes charakteristische Bewegungen des echten Ägypters bei, kümmerst dich darum, daß er sich nicht wieder durch schlampige Kleidung verrät, und erzählst ihm das Wichtigste von der Zauberei des Halunken. Unser Mann beherrscht zwar einige Tricks, denn er ist auf Märkten und bei Festlichkeiten als sogenannter Zauberkünstler aufgetreten, der richtige Pfiff fehlt ihm allerdings noch. Du, Cyran, kennst den echten Tothmes ziemlich genau. Pauk dem da ein, was er beachten muß.“

Cyran versprach, sich zu bemühen.

Wettkampf der Zauberer

Es war kurz vor Mitternacht.

Das Gedränge der Wagen und Karren an der Porta Salutaris hatte sich gelockert. Um diese Zeit fuhren die letzten Nachzügler aus dem Umland nach Rom hinein, die ersten Händler, die ihre Waren abgeliefert hatten, aus Rom hinaus.

Der Himmel war klarer geworden, das Dunkel hatte sich gelichtet. Umrisse waren auf größere Entfernung zu erkennen.

Das Marsfeld jenseits der Stadtmauer lag friedlich.

Publius Cornelius Capito stieg noch vor dem Stadttor aus seiner Sänfte. Tothmes und die Männer der Leibgarde scharten sich um ihn. Um Wagen und Karren nicht zu behindern, hielten sie in einer Seitengasse. Diese wurde rechts von der Stadtmauer begrenzt, links von den Rückwänden mehrerer Lagerhallen. Hier wurden PCC und seine Leute weder beobachtet noch belauscht.

Der Senator faßte die wichtigsten Punkte seines Planes zusammen: „Tothmes kommt mit mir, die Leibgarde greift ein, sobald ich das Zeichen gebe."

„Den Käuzchenruf", sagte der Kommandant.

„Den ich anläßlich eines Besuches in Germanien gehört habe", erklärte PCC bedeutungsvoll. „In Rom hört man ihn nie, in der Umgebung kaum noch. Auf jeden Fall klingt er so:" Er hielt die Hände vor den Mund und heulte ein leises „Schuhuu".

„Fabelhaft echt", lobte der Kommandant der Leibgarde.

„So muß es sein", sagte PCC. „Wenn ich einen germanischen Waldkauz nachahme, dann *bin* ich ein germanischer Waldkauz."

Den Sänftenträgern befahl er, hier zu warten. Mit den

anderen ging er zur Porta Salutaris; links neben ihm Tothmes im grauen Umhang, unter dem er seinen Spitzhut und anderes versteckte, rechts der Kommandant mit der Peitsche in der Faust. Ihnen folgten die Gardisten.

Als sie ins Fackellicht am Tor traten, kreuzten die Posten die Speere. „Wer seid ihr, woher kommt ihr, wohin wollt ihr?“ schnarrte ein Wächter. Ein Bauer, der mit seinem Karren in die Stadt drängte, schimpfte über die Verzögerung.

„Hast du Dreck auf den Augen?!“ fuhr PCC den Posten an.

„Verzeihung“, sagte dieser und nahm den Speer zurück. „Du bist der Senator Publius Cornelius Capito!“

„Woran hast du das so plötzlich erkannt?“ spottete PCC.

„Am Dreck auf den Augen“, antwortete der Posten stramm. „Das sagst du oft zu Wächtern, die dich nicht sofort erkennen, es hat sich herumgesprochen. Du darfst passieren.“

„Einen Augenblick noch“, wandte der zweite Posten ein. „Sind das da *deine* Leute, Senator?“

Vor und hinter dem Tor schimpften immer mehr Bauern und Händler, die aufgehalten wurden.

„Was denn sonst!“ fuhr PCC den zweiten Wächter an. „Glaubst du, daß es Maulesel sind? Nimm deinen Speer zurück, oder ich sorge dafür, daß dir Respekt vor einem römischen Senator beigebracht wird, bei Jupiter!“

„Mach schon, du Büffel!“ zischte der erste Wächter den Kameraden an.

Der zögerte.

Ein Mann in ärmlicher Kleidung huschte zum Tor hinaus. Niemand beachtete ihn, kein Posten hielt ihn auf. Der Unscheinbare verschwand in der Richtung des Marsfeldes.

„Nimm den Speer zurück!“ knurrte der erste Wächter den zweiten noch einmal an.

Der stellte sich stur. „Was tut ein Senator mit Bewaffneten um Mitternacht an der Porta Salutaris?“ brummte er mißtrauisch. „Warum will der Senator zu so ungewöhnlicher Zeit aus Rom hinaus? Noch dazu zu Fuß?“

Da pfiff etwas so laut vom Marsfeld herüber, daß es den Lärm am Tor übertönte.

„Ein komischer Vogel“, meinte der erste Posten.

„Ihr dürft passieren“, sagte der zweite zu PCC. „Ich bitte um Entschuldigung, Senator, aber heutzutage kann ein römischer Wächter nicht vorsichtig genug sein.“

PCC war versöhnt. „In Ordnung“, sagte er gönnerhaft. „Ich wollte, Rom hätte *mehr* Aufpasser deiner Sorte. Wie heißt du, Freund?“

„Secundus, Senator“, antwortete der Posten. „Ich sprang für einen erkrankten Kameraden ein.“

„Ich werde mir deinen Namen merken, Sextus“, sagte PCC und drückte dem Wächter eine Münze in die Hand.

„Sextus dankt dir, Senator“, sagte Secundus und trat zurück.

Capito winkte seinen Begleitern. An Karren und Wagen vorbei, deren Fahrer auf sie herunterschimpften, drängten sie durch die Porta Salutaris hinaus.

Dicht an der Stadtmauer verteilten sich die Männer der Garde im Halbkreis. Da alle dunkle Mäntel trugen, tauchten sie trotz des aufgeklarten Nachthimmels im ungewissen Sternenlicht unter.

PCC ging geradeaus. Dazu zählte er laut seine Schritte: „... zweihunderteins ... zweihundertfünfzig ... dreihundertzehn ... vierhundert ...“

Dichtauf folgte ihm Tothmes. Er hielt sich so knapp hinter dem Senator, daß dessen Mantel ihn verdeckte. Weil er größer war als PCC, ging er gebückt. Einem Beobachter mußten beide Männer wie *ein* Mann erscheinen.

„... vierhundertsechsunddreißig“, zählte der Senator, „... vierhundertachtunddreißig ... vierhundertsiebenundvierzig ...“

„Vierhundertachtundvierzig“, antwortete es aus dem Marsfeld heraus.

„P?“ fragte PCC.

„Ich bin Primus“, sagte der andere.

PCC holte tief Luft. „Kommst du allein?“

„Ich komme allein zu dir“, versicherte Primus. „Und du?“

„Ich komme in bester Absicht“, sagte der Senator.

„Bist du Tothmes?“ erkundigte sich Primus.

„Hältst du mich für einen Feigling?!“ polterte PCC. „Ich bin Publius Cornelius Capito und schicke keinen anderen für mich, wenn es gefährlich wird!“

„Das ist gut“, erwiderte Primus. „Dann gehen wir jetzt aufeinander zu.“

„Einverstanden“, sagte PCC.

„Sehr gut“, lobte Primus. „Wenn du mir versprichst, nicht plötzlich wie ein germanisches Käuzchen zu heulen, werden wir uns einigen können.“

„Bist du Hellseher?“ stieß PCC hervor.

„Nein“, antwortete es aus dem Dunkel. „Ich kenne bloß deine Schliche, Senator. Nun komm und laß deinen ägyptischen Spaßmacher da zurück, wo er jetzt steht.“

„Ich komme allein zu dir, wie ich es versprochen habe!“ schrie PCC wütend. „Und wenn dir deine verdammten Schnüffler...“

Der andere unterbrach ihn. „Verdammte Schnüffler, Senator? Stimmt es etwa nicht, daß du mich mit einer Meute Bewaffneter überrumpeln möchtest? Und steht dein ägyptischer Zauberlehrling vielleicht *nicht* hinter dir?“

„Zauberlehrling!“ empörte sich Tothmes. „Zauberlehrling sagt er! Das soll er mir büßen!“

„Halt's Maul!“ fauchte PCC grob. „Ich komme allein zu dir, Primus!“ rief er noch einmal, und Tothmes flüsterte er zu: „Mach deinen stärksten Zauber, sobald ich wie ein Frosch quake, verstanden?“

„Verstanden, Herr“, knurrte der Ägypter.

„Also komm, Primus!“ rief PCC.

„Ich komme, Senator!“ rief dieser zurück. „Dein Adoptivsohn läßt dich übrigens grüßen!“

„Ciranus?!“ keuchte Capito.

„Cyran!“ verbesserte Primus. „Also mach keine Dummheiten, Senator! Bring Cyrans Leben nicht in Gefahr, das würde Cäsar dir sehr übelnehmen! Und dann sollen deine römische Villa und dein Landgut in den Sabiner Bergen leicht brennbar sein. Das hörte ich von meinen Leuten. Ich finde Brände scheußlich; du nicht auch, Senator?“

„Komm schon!“ brüllte PCC. „Aber ohne Waffen! Ich bin auch nicht bewaffnet!“

„Ich komme unbewaffnet“, versprach Primus und begann zu zählen: „Vierhundertneunundvierzig . . .“

„Vierhundertfünfzig!“ polterte PCC und stapfte los. Ohne Befehl folgte ihm Tothmes dichtauf.

„Du bist wortbrüchig“, tadelte Primus. „Dein ägyptischer Nichtskönner sollte den Kopf einziehen, wenn er sich hinter dir herschwindelt!“

„Nichtskönner!“ stöhnte Tothmes zutiefst empört. „Das mir, dem größten aller Magier!“ Er schüttelte die Fäuste und beschimpfte den unverschämten Primus mit den wüstesten Ausdrücken.

Und da geschah es.

PCC und seine Leute an der Stadtmauer, ja sogar Eins und dessen Verschworene, die im Dunkel des Marsfeldes ausgeschwärmt waren, hielten den Atem an.

Unheimliches spielte sich ab. Dämonen kämpften gegeneinander!

Obwohl PCC und Eins ihren Leuten erklärt hatten, daß sogenannte Zauberer ganz gewöhnliche Menschen und nicht zu fürchten seien, schraken die Männer zurück. Auch dem Senator und dem Gallier Eins war nicht wohl zumute. Selbst Cyran staunte über den Wettkampf der Magier.

Der echte und der falsche Tothmes waren vor PCC und Eins gesprungen, um ihren ganz persönlichen Zweikampf auszutragen. Sie schäumten vor Wut. Der Senator und der Gallier Eins konnten sie nicht zurückhalten. Zähneknirschend verfolgten sie die magische Rauferei; und jeder hoffte, den Spuk bei der erstbesten Gelegenheit beenden zu können. Jetzt war es nicht möglich. Der gekränkte Ehrgeiz machte nicht nur den richtigen Tothmes rasend, sondern spornte auch den falschen auf der Seite der Verschwörer an.

Da war ein Klicken hüben und drüben, als ob Steine gegeneinander geschlagen würden. Winzige Flämmchen zuckten auf, wuchsen blitzschnell zu rotgelben Flammen – und zwei schreckliche Gestalten standen einander gegenüber. Sie glichen sich wie Spiegelbilder. Aus dem rotgelben Feuer grinsten Totenköpfe unter flimmernden Spitzhüten, und ausgestreckte Hände leuchteten in fahlem Grün.

Dann schleuderte der Dämon des PCC eine grellweiße Kugel gegen den Unhold der Verschwörer.

Die Bewaffneten zu beiden Seiten standen starr. Und da keiner unter ihnen war, der nicht an Zauberei glaubte, packte jeden die Furcht. Tothmes hin oder her, PCC und Eins können alles mögliche behaupten, dachten sie. Was wir sehen, ist verdammt gefährlich!

Ein Aufschrei hüben und drüben.

Die grellweiße Kugel erlosch zischend, dann flog eine violette Kugel zurück, die knatternd farbige Sterne spie! Dazu dröhnte eine dumpfe Stimme, die aus den Tiefen der Erde zu kommen schien. Keiner verstand sie, aber sie klang fürchterlich. Schrecklicher Donner brüllte auf, und der Geruch von Pech und Schwefel stieg den entsetzten Männern in die Nase.

Der Kommandant der PCC-Garde mußte zur Peitsche greifen, um zwei Angsthasen am Ausreißen zu hindern. Andere riefen gnädige Götter um Beistand an.

Von *zwei* Tothmessen hatten weder PCC noch der Kommandant etwas gesagt!

Die Totenköpfe mit den Spitzhüten und die grünen Hände verschwanden. Statt ihrer erschienen in grollendem Donner zwei noch unheimlichere Gestalten. Auf der Seite des Senators zauberte der echte Tothmes einen Krokodilkopf auf das Marsfeld. Er leuchtete in fahlgrünem Licht und erlosch unter gespenstischem Zähneklappern.

Die Antwort des falschen Tothmes erschreckte noch mehr. Eine grellrote Fratze blitzte auf und kicherte dämonisch. Bei genauerem Hinsehen ähnelte sie dem Gesicht des Senators Publius Cornelius Capito, und Hörner wuchsen ihm auch noch aus der Stirn!

„Weg damit!" schrie PCC, als ob er dem Zauberer drüben etwas befehlen könnte.

Die Fratze lachte noch einmal schallend und tauchte ins Dunkel zurück.

„Diese Beleidigung kann nur mit Blut abgewaschen werden!" schrie der richtige Tothmes. „Mir nach, Capito-Freunde!" Ein magisches, blau blitzendes Schwert tanzte in der Luft, als ob es lebendig wäre. „Drauf auf die Feiglinge dort drüben!" kreischte Tothmes. Seine Stimme überschlug sich vor Wut.

„Dageblieben!" brüllte der Senator.

„Dageblieben!" schrie Eins seinen Männern zu, die sich die Beschimpfung ‚Feiglinge' nicht gefallen ließen.

Zu spät! Die Kampfhähne prallten schon aufeinander, und beide Parteien steckten Hiebe ein.

Der Wächter Secundus, den die Verschwörer als Posten an die Porta Salutaris geschmuggelt hatten, rannte atemlos heran und schrie Eins ins Ohr: „Verschwindet! Euer Krach hat die Sonderstreife alarmiert!"

Eins erschrak. Die Sonderstreife war eine Elitetruppe der Stadtpolizei. Sie bestand aus zwanzig Reitern unter dem Befehl eines Ädils. Die meisten dieser harten Kerle hatten in Cäsars Legionen gedient und fürchteten weder

Götter noch Dämonen. Sie griffen da ein, wo reguläre Polizeistreifen zu schwach waren.

„Die Sonderstreife rückt an!" schrie ein Mann der Leibgarde dem Senator zu.

Eins und PCC knurrten dasselbe; Capito lateinisch, der Gallier keltisch. Dann befahlen sie ihren Leuten den Abmarsch.

Das war leichter befohlen als befolgt.

Zwischen dem Trupp des Senators und dem des Galliers Eins wälzten sich zwei Männer auf dem Boden des Marsfeldes: Tothmes der Echte und Tothmes der Falsche. Da sie einander mit faulem Zauber nichts vormachen konnten, setzten sie ihren Zweikampf mit roher Gewalt fort. Einiges Zaubergerät wurde dabei zerschlagen.

„Abmarsch!" schrien Eins und PCC zum dritten- und viertenmal.

„Jawohl, Senator", stöhnte der Kommandant der Leibgarde, der einen Hieb auf den Helm bekommen hatte.

„Aber warum denn, Eins?!" rief Cyran. „Warum willst du jetzt abhauen? Bist du feige, wenn es darauf ankommt?!"

„Halt den Mund, Grünschnabel!" wetterte Eins. „Lauf zum Fluß, verdammt noch mal!"

Reiter donnerten auf das Marsfeld, Fackellicht blendete. „Im Namen des Senats und des Volkes von Rom befehle ich Frieden und Unterwerfung unter meinen Befehl!" rief eine schneidende Stimme. „Niemand rührt sich von der Stelle!" Rüstungen und Waffen blitzten im Fackelschein.

An der Porta Salutaris war heilloses Durcheinander. Zwischen Wagen und Karren, die nach Rom hinein- und aus Rom herausdrängten, rempelten und boxten sich Neugierige zum Marsfeld durch.

PCC faßte sich rasch, stellte sich dem Ädil in den Weg, hob die Hand und rief: „Ich bin Publius Cornelius Capito, Senator der Stadt Rom! Ich und meine Männer verfolgen

Verbrecher, die sich gegen Leib und Leben meines Freundes Gaius Julius Cäsar verschworen haben! Sie haben Geiseln genommen!"

Der Ädil präsentierte das Schwert. „Ich grüße dich, Senator", sagte er militärisch knapp, „und bitte dich, mit deinen Männern abzuziehen. Die Verfolgung der Verbrecher übernehmen *wir*."

„Danke, Ädil", sagte PCC und befahl seinen Leuten diesmal sehr energisch den Abzug. Der Kommandant der Leibgarde trieb die Männer zusammen, dann bahnte er dem Trupp mit der Peitsche den Weg.

Erst hinter dem Stadttor merkte PCC, daß Tothmes zurückgeblieben war. Er brummte eine Verwünschung, befahl jedoch weder anzuhalten noch nach Tothmes zu suchen. Der Ägypter ist schlau, überlegte er, um ihn brauche ich mir keine Sorgen zu machen. Vielleicht ist er schon in meiner Villa, wenn ich nach Hause komme.

Er lehnte sich in die Polster seiner Sänfte zurück und war froh, daß der Ädil keine Rechenschaft über den Radau auf dem Marsfeld gefordert hatte. Das hätte Aufsehen erregt; und Gerede über sich, seine Familie und seine Geiseln konnte PCC nicht ausstehen . . .

Cäsars Feinde, von denen Capito gesprochen hatte, waren verschwunden. Im Fackelschein entdeckten die Reiter der Sonderstreife nur zwei Kerle, die reglos auf dem Boden des Marsfeldes lagen. Ihre Gesichter waren rußverschmiert und verzerrt. Mit klammen Fingern umkrallte jeder den Hals des anderen. „Sie atmen kaum noch", meldete der Reiter, der sie entdeckt hatte, dem Ädil.

„Weck sie auf!" befahl dieser.

„Jawohl", sagte der Reiter.

Aufwecken hieß, den Ohnmächtigen kaltes Wasser ins Gesicht zu gießen. Feldflaschen mit kaltem Wasser hatten die Männer der Sonderstreife immer dabei.

Der Reiter holte aus – und zögerte.

„Was ist?“ fragte der Ädil.

„Neben den zwei Kerlen liegen glitzernde Spitzhüte“, meldete der Reiter, „dazu etwas, das wie ein Krokodilkopf aussieht.“

„Na wenn schon“, sagte der Ädil. „Gieß zu!“

„Jawohl!“ rief der Reiter und schüttete das kalte Wasser in die Gesichter der seltsamen Männer.

Es wirkte sofort. Die Kerle schnappten nach Luft, ließen einander los und rappelten sich auf. Zwei Polizisten packten sie und hielten sie fest. Der echte und der falsche Tothmes strampelten vergebens.

Der Ädil befahl seinem Unterführer, mit vierzehn Reitern zum Tiber zu galoppieren und die flüchtenden Verbrecher festzunehmen. Kurz darauf dröhnte die Erde unter donnernden Hufen.

Der Ädil nahm sich die Gefangenen vor. „Wer seid ihr?!“ fuhr er sie an.

Der eine biß die Zähne zusammen und sagte kein Wort. Dafür redete der andere um so mehr. In fremdländisch gefärbtem Latein sprudelte er heraus, daß er Tothmes sei, der berühmte Magier des Senators Publius Cornelius Capito, und daß der Ädil den anderen mitnehmen müsse, diesen Schwindler, Betrüger und Feind des Senators.

„Wieso hat PCC dich nicht mitgenommen?“ fragte der Ädil mißtrauisch.

„Was weiß ich, warum er mich vergessen hat“, brummte Tothmes unbehaglich. „Wenn es drunter und drüber geht, vergessen hohe Herren ihre besten Freunde.“

Stimmt, dachte der Ädil, und laut fragte er den anderen Gefangenen: „Hat dich auch jemand vergessen?“

„Nein!“ rief eine helle Stimme. Ein Junge – oder war es schon ein junger Mann? – sprang ins Fackellicht. „*Ich* habe dich nicht vergessen, als die anderen davonliefen“, sagte er zu dem falschen Ägypter. „Und ich hätte Eins nie zugetraut, daß er dich denen da überläßt!“ Wütend spuckte er gegen die Polizisten.

„Bei allen Göttern der Schwachsinnigen“, brummte der Ädil. „Mit welchen Verrückten krieg' ich's in dieser Nacht denn *noch* zu tun?!“ Er packte den Jungen und schüttelte ihn. „Wer bist denn *du*?!“ fuhr er ihn an.

Mit herrischer Geste schüttelte der Junge die Hände des Beamten ab. „Ich bin Ciranus, der Adoptivsohn des Senators Publius Cornelius Capito!“ rief er in herrischem Ton. „Bist du neu hier, daß du mich nicht kennst?“

„Ich habe Wichtigeres zu tun, als mich nach angeblich bedeutenden Bürschchen zu erkundigen“, erwiderte der Ädil mit deutlichem Spott. „Aber dem ist abzuhelfen.“ Er befahl, die Gefangenen zu binden, auf Pferde zu setzen und zu Capito zu bringen. Dort würde sich herausstellen, wer zu wem gehörte.

Kurz darauf ritten vier Bewaffnete durch die Porta Salutaris. Der Anführer des Trupps saß allein zu Pferd, die anderen hatten je einen Gefesselten vor sich . . .

Die Reiter, die der Ädil zum Tiber geschickt hatte, suchten vergebens nach Primus und dessen Männern. Im Sumpfgebiet am Fluß verloren sich alle Spuren.

Der Ädil ließ seine Leute abrücken. Er selbst ritt zu Capito.

Das Verhör

PCC schnaufte erleichtert, als die Träger die Sänfte vor dem Eingang der Villa absetzten. „Vom Geschaukel ist mir das halbe Nachtessen in den Hals gestiegen“, stöhnte er. „Ich grüße dich, meine Liebe.“

Der Gruß galt der Domina Tiberia Verena. Der Lärm

der heimkehrenden Leibgarde hatte sie aufgeweckt. Jetzt stand sie, von Fackeln beleuchtet, mit gezücktem Küchenmesser unter der Haustür, musterte den Gatten, dann die Truppe und stellte fest: „Keine Befreiten, keine Gefangenen – also Pleite auf der ganzen Linie. Schämt euch!"

Capito, der Kommandant und die Gardisten guckten betreten. Sogar die Sänftenträger zogen die Köpfe ein.

„Wo ist Tothmes?" fragte die Domina scharf.

„Sind – Herat und Tanit – noch im Hause?" stotterte PCC dagegen.

„Sie schlafen", sagte die Domina schroff. „Aber versuch nicht, mich abzulenken, Capito. Schick deine unfähigen Idioten zu Bett und komm herein!"

„Das geht zu weit!" protestierte der Kommandant der Leibgarde. „Unfähige Idioten sind wir wirklich nicht."

Auch PCC widersprach. „Geschlafen wird nicht!" ordnete er an. „Es könnte sein, daß wir in dieser Nacht noch einmal ausrücken müssen."

„Jawohl!" antwortete der Kommandant zackig.

„Also dann bleibt wach, ihr *fähigen Geistesgrößen*", spottete die Domina, senkte das Küchenmesser und zog den Gatten ins Haus.

Im kleinen Wohnzimmer ließ sich der Senator in einen Sessel fallen, rief einen Sklaven und verlangte einen Becher Würzwein. Den trank er in zwei Zügen leer. „Jetzt ist mir wohler", schnaufte er behaglich.

„Bevor du mir von deiner Niederlage berichtest, solltest du ein Bad nehmen, Capito", sagte die Domina. „Du bist verschwitzt und riechst nicht gut."

PCC war beleidigt. Selbstverständlich schwitzte und roch er nach all den Aufregungen und Strapazen dieser Nacht, aber mußte ihm Tiberia Verena das ins Gesicht sagen? Er wollte etwas Bissiges erwidern, da unterbrach ihn Lärm.

Im Park donnerten Hufschläge und wieherten Pferde.

Am Eingang der Villa protestierten die Wächter, jemand fluchte dazwischen und rief nach dem Senator Publius Cornelius Capito.

Dann hörte PCC noch eine Stimme: „Jetzt blamiert euch mal schön, ihr Hellseher!"

„Tothmes!" rief Capito. So schnell er konnte, eilte er hinaus.

Vier Reiter der Sonderstreife waren gekommen, PCC erkannte sie an den schwarzen Helmbüschen. Die Reiter waren abgesessen und hielten ihre Pferde am Zügel fest. Die Tiere schäumten. Auf den Pferden saßen drei Gefesselte. Im Fackelschein erkannte PCC Cyran und Tothmes. Der dritte Gefangene war ihm fremd.

„Entschuldige, Senator, daß wir deine Wächter am Parktor zurückdrängen mußten", sagte der Anführer des Trupps, „aber es eilt. Der Ädil . . ."

„Schon gut", unterbrach ihn PCC. „Warum schleppt ihr meinen Adoptivsohn und meinen Magier gefesselt an, als ob sie Verbrecher wären?"

In den Nebengebäuden, in denen Freigelassene und Sklaven wohnten, wurden Lichter entzündet. Neugierige Gesichter spitzten zur Villa herüber.

Da kam Tiberia Verena, die Domina. „Wir fordern eine Erklärung!" fuhr sie die Polizisten an.

„Da habt ihr die Blamage", flüsterte Tothmes seinem Bewacher zu.

„Halt den Schnabel, Zauberlehrling", knurrte dieser, „oder streif deine Fessel ab und steig vom Gaul herunter."

„Wie du meinst", erwiderte Tothmes freundlich, schüttelte den Strick ab und sprang vom Pferd.

Aus den Nebenhäusern kreischte es erschrocken und bewundernd. Selbst PCC, die Domina, Cyran und die Polizisten staunten. Cyran versuchte seine Fessel ebenfalls abzustreifen, es gelang ihm nicht. Je mehr er sich anstrengte, desto schmerzhafter schnitt ihm die Schnur in die Gelenke.

Tothmes trat zu ihm, ohne daß ihn jemand daran hinderte. „Es liegt daran, daß du kein Ägypter bist“, erklärte er achselzuckend. „Gallische Hände sind breiter als ägyptische, selbst wenn du den Daumen und den kleinen Finger ganz eng in die Handfläche legst. Das habe ich getan, als sie mich banden. Außerdem hielt ich die Hände so weit wie möglich auseinander, und die Dummköpfe merkten es nicht. So fuhr ich jetzt mühelos aus der Schlinge heraus.“

Der Truppführer donnerte den Mann zusammen, der Tothmes gefesselt hatte.

„Beruhige dich“, brummte PCC. „Auch wenn du noch so laut plärrst, hat es keinen Zweck mehr. Laß meinen Adoptivsohn und den anderen Gefangenen losbinden, aber paß auf ihn auf!“

Da war es schon geschehen. Kaum hatte einer der Polizisten die Fessel des falschen Tothmes gelöst, als dieser den Wächter zu Boden stieß und davonrannte. Das Geschrei der Überrumpelten hielt ihn nicht auf, aber er kam nicht an der Wache am Parktor vorbei.

„Schade“, murmelte Cyran, als der Gefangene zurückgebracht wurde. Zwei Polizisten banden ihm Hände und Füße, stießen ihn auf eine Steinbank und ließen ihn nicht mehr aus den Augen. Der dritte Polizist bewachte die Pferde.

Seinen Ciranus, den richtigen Tothmes und den Truppführer befahl PCC zum Berichterstatten ins Atrium. Die Domina folgte neugierig.

PCC wandte sich zuerst an Cyran: „Wie kamst du auf das Marsfeld, und was hast du vorher getan?“

„Vielleicht sage ich es dir später einmal“, antwortete der Junge. „Jetzt bin ich müde.“

„Sei nicht frech!“ fauchte die Domina.

„Du bist unverschämt und undankbar!“ tadelte PCC.

Cyran zuckte die Achseln und schwieg.

Dafür redete Tothmes bereitwilligst. Er beschrieb sei-

nen „heldenhaften Kampf“ gegen den falschen Magier mit den stärksten Worten. Dieser Nichtskönner, versicherte er, sei zwar als Zauberer ein völliger Versager, doch als Verschwörer äußerst gefährlich. Man solle diesen Kerl mit allen Mitteln verhören. „Mich, Senator, wirst du jetzt wohl für meine Tapferkeit fürstlich belohnen“, schloß Tothmes der Echte.

PCC knurrte Unverständliches, die Domina rümpfte die Nase.

„Was sagst du dazu?“ fragte PCC den Truppführer der Sonderstreife.

Dieser meldete, daß die beiden Magier ineinander verkrallt aufgefunden und mit kaltem Wasser geweckt worden seien. Dann beschrieb er, wie schwierig es gewesen war, sich mit den Gefangenen durch das Gewühl an der Porta Salutaris hindurchzuzwängen.

„Das weiß ich selbst“, brummte PCC. Er entließ den Truppführer und schickte Cyran und Tothmes auf ihre Zimmer. Den gallischen Jungen ließ er besonders streng bewachen . . .

Auf schäumendem Pferd galoppierte der Ädil zur Villa des Senators. Roß und Reiter waren verschmutzt. Einige Händler, die der Ungeduldige zur Seite gedrängt hatte, hatten ihn und das Pferd mit halbverfaulten Früchten und angebrüteten Eiern beworfen. Kein Wunder, daß er wütend war. Verlegen entschuldigte er sich bei der Domina, säuberte sich hastig und schwor, den falschen Tothmes zum Reden zu bringen, selbst wenn dieser Halunke aus Eisen sein sollte.

„Ich möchte dabeisein, wenn du ihn verhörst“, sagte PCC.

Der Ädil gestattete es.

Die Domina wollte nicht zusehen, sie ging schlafen.

Im Keller, in dem sonst faule und aufsässige Sklaven bestraft wurden, verhörte der Ädil den falschen Ägypter. Seine Polizisten halfen ihm geübt.

Schon nach kurzer Zeit hielt sich PCC ein parfümiertes Tuch vor die Nase.

Der falsche Tothmes war *nicht* aus Eisen. Er verriet alles und jeden.

„Na also", sagten die Polizisten zufrieden. PCC übergab sich.

Kurze Zeit später sprengte der Ädil mit seinen Männern davon. Einer nahm den ohnmächtigen falschen Tothmes mit.

Schlimmes Erwachen

Cyran schlief bis in den Nachmittag hinein. Schuld daran war der Schlummertrunk, den ihm ein Sklave im Auftrag der Domina eingeschenkt hatte. Es war Zitronenlimonade mit einem geschmacklosen Schlafmittel darin.

Cyran erwachte mit schwerem Kopf. „So etwas Blödes", murmelte er unwillig. Dann fühlte er ein naßkaltes Tuch auf seinem Gesicht, wischte es fort und sah deutlicher.

„Wie geht es dir, junger Herr?" erkundigte sich der Sklave an seinem Bett.

„Scheußlich", knurrte Cyran, stand mühsam auf, trat zum Fenster, sah in den Park hinaus und fragte: „Habe ich etwas Besonderes verschlafen?"

Der Sklave antwortete vorsichtig: „Ich weiß nicht, ob es für dich etwas Besonderes ist, junger Herr. Es geschah vor Anbruch der Morgendämmerung. Ihr wart noch nicht lange zu Hause, da mußte der Ägypter Tothmes schon wieder weg."

„Er interessiert mich nicht", sagte Cyran.

Der Sklave zog sich in die Nähe der Tür zurück, um sofort verschwinden zu können, falls der junge Herr mit einer Vase oder Statue nach ihm werfen sollte. „Im selben Reisewagen fuhren mit Tothmes auch – die ägyptischen Mädchen", berichtete er ängstlich.

„Herat und Tanit?!" rief Cyran und packte eine Bronzekanne.

„Bitte nicht, junger Herr", bettelte der Sklave. „Ich – ich kann doch nichts dafür."

Cyran stellte die Kanne ab. „Wohin sind sie gefahren?" fragte er mühsam beherrscht.

Der Sklave wußte es nicht. Er hatte lediglich beobachtet, daß sechs bewaffnete Reiter den Wagen begleiteten.

Cyran sprang zur Tür, stieß den Sklaven beiseite und die überraschten Wächter draußen gegen die Wand. Dann stürzte er in das Cubiculum, das gemütliche Wohnzimmer, in dem sich der Senator und die Domina um diese Zeit aufzuhalten pflegten.

Sie waren da.

„Wohin habt ihr Herat und Tanit verschwinden lassen?!" fuhr Cyran sie an.

„Nun hörst du es selbst, Capito", sagte Tiberia Verena zu PCC. „So sehr regt er sich nur deshalb auf, weil er in Herat verliebt ist. Und Manieren hat er noch immer nicht. Sieh ihn an, Capito! Er wagt es, nur halb bekleidet vor uns zu treten."

„Wo sind sie?!" keuchte Cyran.

„Ich grüße dich, Ciranus", sagte PCC ärgerlich, „auch wenn du den Gruß vergessen hast."

„Ave!" knurrte Cyran.

„Er beherrscht sich kaum noch", stichelte die Domina.

„Wohin?!" schrie Cyran und wollte vorstürzen. Zwei Sklaven, die hinter ihm eingetreten waren, hielten ihn fest.

„*Ich* ließ Herat und Tanit wegbringen", erklärte die

Domina kalt. „Als weibliche Geiseln unterstehen sie *meiner* Aufsicht, und ich trage für sie die Verantwortung. Liebschaften zwischen Geiseln unterbinde ich auf Cäsars Befehl."

„Wohin hast du sie bringen lassen?" stöhnte Cyran. „Sag es mir – bitte!" Er versuchte nicht, sich aus dem Griff der Sklaven zu lösen, er begehrte nicht mehr auf, er bettelte.

„In Herats und in deinem Interesse werdet ihr einander nie wiedersehen", sagte die Domina.

Cyran ballte die Fäuste. „Ich werde sie suchen", stieß er hervor, „und ich werde sie finden!"

Tiberia Verena stieß PCC an. „Es wird Zeit, Capito, daß du ihm seine Situation erklärst", sagte sie scharf. „Bring ihm bei, daß er in unserem Hause über nichts mehr zu bestimmen hat, nicht einmal über sich selbst."

„Was – soll das heißen?" stammelte Cyran erschrocken.

„Du bist ein Verräter", sagte Tiberia Verena.

„Oder bestreitest du, dich heute nacht mit den Staatsfeinden Primus und Postumus im Landgut des verräterischen Ritters getroffen zu haben?" stieß PCC nach.

Cyran biß sich auf die Lippen.

„Der falsche Tothmes hat alles gestanden", fuhr PCC fort. „Der Ädil befragte ihn nicht sehr freundlich."

„Ihr habt ihn gefoltert!" keuchte Cyran.

„*Ich* doch nicht", widersprach PCC. „Ich war nur dabei, und mir wurde übel."

„Warum sprichst du zu diesem Verräter, als ob du dich verteidigen müßtest, Capito?" tadelte die Domina. „Sag ihm, daß er ab sofort nicht mehr die Freiheit genießt, die wir ihm im Vertrauen auf seine Ehrlichkeit zugestanden haben. Sag ihm, daß ihm das Schicksal der festgenommenen Verschwörer nur deshalb erspart bleibt, weil er Cäsars Geisel ist und als dein Adoptivsohn gilt. Und mach ihm klar, daß er selbst schuld ist, wenn sein Herrenleben jetzt ein Ende hat."

„Was ist – mit Primus und Postumus?“ fragte Cyran.

„Aus und Schluß“, erklärte die Domina kalt. „Die Verschwörerbande wurde im Landgut des Postumus überrumpelt.“ Sie schüttelte den Kopf. „Wer hätte gedacht, daß der angeblich vaterlandstreue Ritter ein feiger Verräter war.“

„Postumus ist kein Verräter“, sagte Cyran leise.

„Und ob er einer war!“ begehrte PCC auf.

Erst jetzt wurde Cyran hellwach. „Wieso *war*?“ wollte er wissen.

„Erzähl es ihm, Capito“, sagte die Domina, „damit er begreift, was für unverschämtes Glück er hat.“

PCC berichtete Schreckliches:

Im Keller des PCC hatte der falsche Tothmes die Verschwörer um Primus und den Ritter Postumus verraten. Der Ädil hatte den Stadtkommandanten aus dem Schlaf gerissen und Bericht erstattet. Der Stadtkommandant war Cäsars Freund. Er schickte hundert berittene Legionäre zum Landgut des Ritters. Die Verschwörer waren so überrascht, daß sie kaum Widerstand leisteten.

Bis zum äußersten kämpften nur der aus der römischen Armee geflohene Primus, vier entlaufene Gladiatoren und Marcus Petronius Postumus, der Ritter. Er und drei der Gallier fielen, die anderen Verschwörer ergaben sich.

Hinterher stellte der kommandierende Centurio fest, daß Primus und einer der ehemaligen Gladiatoren – den die Römer Secundus, die Gallier Zwei nannten – verschwunden waren.

Dieser Secundus, hatte der falsche Tothmes verraten, war mit anderen Komplizen unter die Wachmannschaft an der Porta Salutaris geschwindelt worden. Sie hatten Primus über Capito und dessen Truppe Bescheid gesagt.

Trotzdem war die ‚Postumus-Aktion‘ ein großer Erfolg. Einige der gefangenen Verschwörer verrieten eine Menge Mitverschworener, viele Verstecke und geheime Pläne.

So kamen die dreizehn Männer des PCC frei, zwei von Primus als Geiseln genommene Senatorensöhne, dazu weitere Verschleppte aus anderen Verliesen.

Dann gab es Großalarm für alle Legionäre in Rom und Umgebung. Neue Verhöre hatten ergeben, daß die Verschwörung gegen Cäsar viel weiter verbreitet war, als selbst Schwarzseher angenommen hatten. Unter den Verschwörern befanden sich bedeutend mehr Römer als Ausländer. Diese Römer waren weitaus gefährlicher als Primus mit seinen Kumpanen. Den Galliern ging es nur darum, Vercingetorix vor der Hinrichtung zu bewahren – na wenn schon. Die römischen Rebellen hatten es jedoch auf Cäsars Leben abgesehen, weil sie ihn als Alleinherrscher fürchteten. Zu ihnen gehörten Männer aller Stände, selbst Ritter und Senatoren!

Kurz nach Sonnenaufgang glich Rom einem aufgestöberten Ameisenhaufen. Durch die Masse der Fußgänger schoben und stießen Legionäre zu Fuß und zu Pferd. Geschrei und Peitschenhiebe begleiteten sie. Aufgeregt riefen Leute einander die neuesten Parolen zu:

„Schon gehört? – Den Senator Corvinus haben sie abgeführt!“

„Der Gladiator Galba wurde verhaftet!“

„Der Präfekt Probus hat sich das Leben genommen, als er abgeholt werden sollte!“

„Der Verwalter von Cäsars Landgut in den Albaner Bergen ist geflohen!“

Und so weiter und so fort.

Immer mehr bekannte Namen wurden durch Straßen und Gassen gerufen.

Die Verhafteten erwartete Schlimmes.

Über das Schicksal der Männer, die im Landgut des Postumus festgenommen waren, wußte PCC schon Bescheid. Weil sie Verschwörer-Schlupfwinkel und -Verstecke verraten hatten, in denen Verschleppte gefangengehalten wurden, kamen sie mit dem Leben davon.

Schnellrichter verurteilten sie zu Sklavenarbeit in Bergwerken und Steinbrüchen.

„Sie können von Glück reden", warf Tiberia Verena ein. „Kräftige junge Männer halten die Arbeit vier bis fünf Jahre lang durch."

„Vereinzelt gibt es noch Kämpfe", erzählte PCC weiter, „denn manche Verschwörer ziehen den Tod der Sklaverei vor. Das ist Pech für diejenigen, die im Kampf nur verwundet wurden. Auf sie wartet Schlimmeres als die Gnade der Sklavenarbeit."

Ich werde Aristoteles bitten, Herat und Tanit zu suchen, dachte Cyran – und erschrak. Unheimlich war, was der Senator jetzt sagte: „Verschwunden ist auch der griechische Lehrer Aristoteles", erzählte er leicht spöttisch. „Er soll Verbindung zu dem Hauptverschwörer Primus unterhalten haben. Aber das weißt du ja besser als ich, Ciranus – oder?"

Cyran antwortete ihm nicht.

„Gehörst du zu den Verschwörern?" fuhr ihn der Senator an.

Cyran schwieg.

„Abführen!" knurrte PCC.

Die Sklaven, die Cyran festgehalten hatten, führten ihn aus dem Cubiculum hinaus, aber nicht in sein Zimmer zurück. Sie brachten ihn in das Nebengebäude der Freigelassenen.

Hier bekam er einen Raum, der knapp Platz für Tisch, Stuhl, Truhe und Lagerstätte bot. Ein winziges Fenster ließ das Tageslicht herein. Es war so klein, daß sich nicht einmal ein Kind hätte durchzwängen können. Cyrans Habseligkeiten waren bereits hergebracht worden.

Die Sklaven gingen, die Tür schlug zu. Sie konnte von innen nicht abgesperrt werden. Draußen stießen zwei Türhüter die Speerschäfte auf den Boden.

Cyran begriff, daß dies nun sein Gefängnis war.

Hungern für Herat

In der Nacht quälten Cyran schlimme Träume, am Morgen erwachte er wie zerschlagen.

Auf dem Tisch standen ein Krug und eine Schüssel voll Wasser, daneben lag ein Tuch zum Abtrocknen. Cyran wusch sich. Das kalte Wasser belebte.

Er überlegte eine Weile, dann drückte er die Tür auf. Sie war von außen nicht verschlossen. Ein numidischer und ein iberischer Wächter kreuzten die Speere.

„Darf ich da überhaupt nicht hinaus?“ fragte Cyran schroff.

„Doch“, antwortete der Iberer. „Du darfst raus, wenn du mußt, mit dem Senator reden möchtest oder Lust hast spazierenzugehen.“

„Das darfst du aber nur im Park der Villa“, warf der Nubier ein.

„Und sooft du dein Zimmer verläßt, müssen dich zwei Wächter in die Zange nehmen“, erklärte der Iberer gemütlich. „Das heißt, daß sie links und rechts von dir gehen und sofort zupacken, wenn du auch nur einen einzigen falschen Schritt machst.“

„Wir müssen auch mit dir, wenn du mal mußt“, verkündete der Nubier grinsend.

„Befehl des Senators“, sagten beide zusammen.

„Bringt mich zu ihm!“ befahl Cyran scharf, weil es ihn kränkte, daß Sklaven so mit ihm reden durften.

Der Iberer winkte ab. „Heute sind der Senator und die Domina nicht für dich zu sprechen. Sei friedlich und hab Geduld.“

Cyran knallte ihm die Tür vor der Nase zu.

„Laß ihn“, hörte er den Nubier sagen. „Es wird nicht lange dauern, bis er ganz klein und freundlich sein wird. Da gibt's einiges, das keiner lange zurückhalten kann.“

Cyran hörte die beiden laut lachen. Nein, dachte er. Klein und freundlich soll mich hier keiner mehr sehen!

Zuerst, überlegte er, muß ich die Wächter abschütteln.

Aber wie?

Er grübelte und grübelte vergebens. Verzweifelt bat er die ganze keltische Göttersippe um Erleuchtung.

Da war sie auch schon!

„Danke“, murmelte Cyran, als er sich an den sagenhaften keltischen Helden erinnerte, dessen verwegenste Tat am Hofe des Fürsten Tac immer wieder erzählt worden war. Der Held hieß Yan, war von einem feindlichen Adeligen überrumpelt, in den Kerker geworfen worden und sollte am nächsten Vollmondfest den Dämonen geopfert werden. Bis dahin blieben zwanzig Tage und Nächte.

Da Yan nicht nur ein Held, sondern auch weise war, verweigerte er jede Nahrung. Anfangs lachten ihn die Wächter aus und höhnten, daß er ihnen bald Baumrinde aus der Hand fressen werde.

Yan hungerte weiter.

Drei Tage vor dem Vollmondfest schleppten Knechte den scheinbar leblosen Körper des Helden aus dem Kerker hinaus und warfen ihn auf dem Platz der Geächteten den Aasvögeln zum Fraß vor.

Aber der weise Held Yan war nicht tot, der Hunger hatte ihn nur ohnmächtig werden lassen. Und die Götter standen ihm bei. In der frischen Luft ließen sie ihn wieder zu sich kommen und schickten ihm einen Hirten, der sich seiner annahm. So blieb Yan am Leben und rächte sich dann an seinem Todfeind. Diesem standen die Götter nicht bei, weil er nicht weise war . . .

Cyran war *noch* weiser als Yan. Er verließ sich nicht darauf, daß gnädige Götter seinen Körper irgendwo wieder zum Leben erweckten und ihm noch dazu einen barmherzigen Schäfer schickten, der ihn aufpäppelte.

PCC darf mich nicht verhungern lassen, überlegte er. Ich bin Cäsars Geisel, und der Senator haftet mit *seinem*

Leben für meines. Waschwasser bringen sie mir ja, da werde ich es wohl einige Tage aushalten . . .

Die Kraftprobe dauerte zwei Tage und zwei Nächte. Cyran aß nichts und rührte nicht einmal das Trinkwasser an. Daß er vom Waschwasser trank, darauf wäre niemand gekommen. Ein keltischer Fürstensohn und Waschwasser? – Unvorstellbar! Dabei *mußte* dieser gallische Junge auch nicht.

Unglaublich!

Da das kleine Fenster des Gefangenenzimmers auf den Park zu geöffnet werden konnte und unter dem Fenster Gestrüpp wucherte, fiel Cyrans List überhaupt nicht auf. Daß er „das gebrauchte Waschwasser" aus dem Fenster schüttete, rechneten ihm die Sklaven, die ihn bedienen mußten, hoch an. Es ersparte ihnen Arbeit.

Am Morgen des dritten Tages meldete ein Wächter dem Senator, daß der ehrenwerte gefangene Adoptivsohn besinnungslos auf seinem Lager liege und so schwer schnaufe, als ob er bald zu den Göttern gehen werde.

PCC erschrak, doch die Domina tröstete ihn: „Nach so kurzer Zeit, lieber Capito, verhungerst nicht einmal *du*. Dein gallischer Bengel erlaubt sich einen Scherz mit uns."

„Ich sehe nach ihm", sagte der Senator.

Die Domina begleitete ihn.

Die Türsteher standen stramm. „Alles in Ordnung", meldeten sie.

Capito und Tiberia Verena betraten den kleinen Raum. Cyran lag auf der Pritsche. Seine Augen waren geschlossen, kein Muskel zuckte in seinem Gesicht. Das Wasser in Krug und Schüssel war unberührt.

„Ciranus!" rief Capito.

Der Junge bewegte sich nicht.

Capito rüttelte ihn an beiden Schultern. „He, Ciranus!" Als er losließ, sackte der Junge zusammen und lag wieder still.

„Was nun, Tiberia?" fragte PCC ratlos.

Die Domina lächelte. „Ich glaube nicht, daß ihn das kurze Fasten schon so sehr geschwächt hat. Ich denke, daß er sich verstellt; aber das werde ich sofort erfahren." Sie zog eine Haarnadel aus ihrer Frisur und stach die Spitze in Cyrans Oberarm.

„Au!" stöhnte der Junge und schnellte auf. Zu spät erkannte er, daß er auf eine List hereingefallen war.

„Na also", sagte Tiberia Verena. „Er ist schon wieder ansprechbar."

Cyran sank zurück, schloß die Augen und atmete röchelnd.

„Vielleicht ist er *doch* sehr krank", meinte PCC.

„Dann werde ich ihn noch einmal stechen", sagte die Domina. „Diesmal vielleicht in eine Fingerspitze, da tut es besonders weh."

„Au!" rief Capito, als ob er selbst gestochen worden wäre. Er steckte einen Finger in den Mund und lutschte daran.

„Jaja", spöttelte die Domina. „Die meisten Helden ertragen Schwerthiebe tapferer als Nadelstiche." Sie packte Cyrans Zeigefinger und zielte mit der Nadelspitze auf die Fingerkuppe.

„Uiii!" stöhnte Capito und guckte weg.

Tiberia Verena behielt recht. Cyran, der verstohlen geblinzelt hatte, öffnete die Augen, riß seinen Zeigefinger aus der Hand der Domina und rief: „Bringt Herat zurück, sonst verhungere ich tatsächlich!"

„Hast du es gehört, Capito?" spottete die Domina und steckte die Nadel wieder ins Haar. „Der gallische Grünschnabel möchte Herat zurückhaben. Was sagst du dazu?"

Capito sagte gar nichts. Er zupfte sich mit Daumen und Zeigefinger an der Nasenspitze. Das tat er oft, wenn er nicht wußte, was er sagen sollte.

„Ich meine es ernst mit dem Verhungern!" trotzte Cyran.

„Aber nein, Ciranus", sagte PCC ärgerlich. „Freiwillig verhungern kannst du hier nicht. Ich habe einige Sklaven, die es ausgezeichnet verstehen, Hungerwütige zum Essen zu zwingen. Sie halten den Aufsässigen die Nasenlöcher zu, dann müssen die Halunken den Mund aufmachen – und schon kriegen sie Speltbrei hineingestopft. Dann müssen sie schlucken, ob sie wollen oder nicht. So bleiben sie mir erhalten." PCC lachte schon wieder vergnügt. „Mit zugehaltenen Nasenlöchern wirst auch du, lieber Ciranus, den Schnabel öffnen, schlucken und mir erhalten bleiben."

„Damit uns Cäsar nicht böse ist", höhnte die Domina bissig.

„Wo ist Herat?!" rief Cyran verzweifelt. „Sagt es mir doch!"

„Benimm dich anständig!" knurrte PCC. „Wenn du nicht erfährst, wohin wir die Mädchen gebracht haben, ist es gut für uns alle. Und noch besser für dich wird es sein, wenn du mir morgen früh über Primus und seine Bande ganz genau Bescheid sagst! Bestimmt weißt du Geheimes, für das sich die Polizei besonders interessiert."

„Damit dir das Ausplaudern leichter fällt, wirst du bis morgen kein Wasser erhalten, du gallischer Ziegenbock!" zischte die Domina. Mit einem Schwung schüttete sie das Wasser aus der Schüssel, dann aus dem Krug auf den Fußboden.

„Also denk nach", knurrte PCC und betrachtete nachdenklich die Wasserlache, die wie ein Krake nach allen Seiten Fangarme ausstreckte.

„Gehen wir", sagte die Domina.

„Überleg dir's, Ciranus", brummte PCC.

Sie gingen, die Tür schlug zu ...

Am nächsten Vormittag kam der Senator allein zu Cyran. Als er sah, daß der Junge den Morgenbrei aufgegessen hatte, nickte er zufrieden. „Ich sehe, daß du vernünftig geworden bist", lobte er. „Nun wirst du mir auch gestehen, wer dich überredet hat, zu Cäsars Feinden zu laufen. Dann wirst du mir noch sagen, wo ich Primus und Secundus finde." Er lächelte, und in väterlichem Ton fuhr er fort: „Ich weiß, daß deine kurze Zusammenarbeit mit den Verschwörern halb erzwungen, halb ein Dummerjungenstreich war. Kein böswilliger Verrat, wie der falsche Tothmes behauptete, bevor er – nun ja –, also bevor er nichts mehr sagen konnte. – Nun, Ciranus?"

Cyran schwieg.

„Bist du stumm geworden?" raunzte Capito.

Cyran sagte kein Wort.

„Wenn ich vergeben und vergessen soll, mußt du schon mit mir reden!" polterte PCC. „Also?!"

Cyran blieb stumm.

Capito riß die Geduld. „Verdammt noch mal", schrie er, „was glaubst du denn, wer du bist?!" Alles an ihm zitterte vor Zorn und Empörung.

„Ich habe mich weder dir noch der Domina als Geisel und Adoptivsohn aufgedrängt", sagte Cyran. „Zur Geisel machte mich Cäsar, zum Adoptivsohn hast du mich gemacht."

Capito schüttelte den Kopf. „Schade um dich", brummte er. „Aber die Domina hat wohl recht."

„Dann tu, was sie dir befiehlt, Senator", spottete Cyran.

„Befiehlt?" brauste Capito auf. „Was erlaubst du dir, du Grünschnabel! Mir befiehlt niemand, verstanden?!"

„Und was befiehlt sie dir?" fragte Cyran ruhig.

„Sie befiehlt mir, daß ich dich..." PCC unterbrach sich, schnaufte wütend, schimpfte noch einmal, daß niemand ihm etwas befehlen dürfe, am allerwenigsten die Domina, und erklärte dann bissig: „Ja also, dann – dann *rät* mir Tiberia Verena, meine Gemahlin, daß ich einen Reiter zu Cäsar schicke und ihn dringend bitte, mich aus meiner Verantwortung für dich zu entlassen. Cäsar soll dich jemand anderem als Geisel übergeben, dann soll *der*

zusehen, wie er mit dir zurechtkommt. Was du uns in den letzten Tagen an Nerven gekostet hast, päppelt mein Leibarzt in hundert Jahren nicht wieder auf!"

Cyran erschrak, dann siegte sein Trotz. „Unwürdiger als in diesem Rattenloch werde ich nicht einmal bei einem Straßenhändler wohnen!" stieß er hervor.

PCC schäumte vor Wut. Alles, was er bisher unterdrückt hatte, brach aus ihm heraus. Er schrie und spuckte: „Du – du dreckiger gallischer Lümmel aus dem – aus dem dreckigen barbarischen Gallien – du – du . . .!"

Cyran sprang ihn an. PCC brüllte um Hilfe, gurgelte, fiel zu Boden und blieb röchelnd liegen.

Die Wächter stürzten herein.

„Ich würgte ihn, weil er mich und mein Volk beleidigt hat!" rief Cyran. „Aus dem Weg, Sklaven!" Er stieß einen Wächter zur Seite, erhielt vom zweiten einen Hieb auf den Kopf und brach neben Capito zusammen.

Zwei Briefe

Drei Tage später galoppierten zwei Reiter auf der Via Appia aneinander vorbei. Der eine kam aus Brundisium, der Hafenstadt im Südosten, der andere aus Rom. Auf halber Strecke, nahe der Stadt Capua, jagten sie aneinander vorüber, und keiner beachtete den anderen. Der Reiter aus Brundisium war ein römischer Offizier in Uniform, der andere Zivilist.

Der Offizier würdigte den Zivilisten kaum eines Blikkes; der Zivilist trieb sein Pferd an, als wollte er so schnell wie möglich an dem Militärmann vorbeikommen.

Dabei hätte sich jeder Strapazen ersparen können.

Der Offizier trug ein Schreiben bei sich, das Gaius Julius Cäsar an seinen Freund, den Senator Publius Cornelius Capito, gerichtet hatte; der Zivilist sollte einen Brief des PCC an Cäsar übergeben.

Cäsar hatte seinen Brief auf Bitten seines höchsten Stabsoffiziers und besten Freundes geschrieben. Dieser besonders Bevorzugte war der Vater des Livius Felix, den Cyran in PCCs Muränenteich geworfen hatte. Cäsar erfüllte dem Freund eine kleine und vor allem kostenlose Bitte. Er billigte diese Bitte sogar, denn es handelte sich um Liebe. Er, der große Cäsar, der zu dieser Zeit in Ägypten weilte, liebte ja auch von ganzem Herzen die reizende Königin Kleopatra. Warum sollte da der junge Livius Felix nicht auch in eine Ägypterin verliebt sein? In das Geiselmädchen Herat, das unter dem Schutz der Gemahlin des Capito stand?

Warum sollten Livius Felix und Herat nicht heiraten?

Also bestimmte Cäsar auf Bitten seines besten Freundes, daß das Mädchen Herat am achtzehnten Geburtstag des Livius Felix mit diesem verehelicht werden sollte. Zumal Livius Felix, einziger Sohn eines hochverdienten Legaten, ohne sie nicht leben zu können glaube, was er, Gaius Julius Cäsar, in gewissem Sinne verstehe. Einen Monat nach der Hochzeit werde der junge Ehemann in Cäsars berühmte zehnte Legion eintreten, um hier Karriere zu machen.

Am Ende des Briefes ein strenger Befehl: Die hochverehrte Domina Tiberia Verena solle streng dafür sorgen, daß Herat nie mehr mit dem Geiseljungen Ciranus zusammentreffe, da dieser – wie Livius Felix glaubhaft behaupte – unheilvollen Einfluß auf sie ausübe.

Ganz am Schluß schrieb Cäsar die üblichen Wünsche für das Wohlergehen des ehrenwerten Freundes Capito und der überaus geschätzten Domina Tiberia Verena . . .

Capitos Schreiben an Cäsar trug nur die Handschrift

des Senators. Diktiert hatte es Tiberia Verena, die Domina.

In ihrem Auftrag bat PCC den „glorreichen Feldherrn und über alles verehrten Freund Gaius Julius Cäsar", ihm die Verantwortung für den gallischen Jungen Ciranus abzunehmen, da er, Publius Cornelius Capito, außerstande sei, diese Geisel noch länger im Zaum zu halten. Immer häufiger entwische der aufsässige Bursche seinen Bewachern und gerate in schlimme Gesellschaft. Deshalb die herzliche Bitte – und es gebe in Rom ja noch andere vertrauenswürdige Ehepaare mit besseren Nerven als denen „Deines Dir treu ergebenen Publius samt seiner Gemahlin Tiberia Verena" ...

Cäsars Brief war auf Papyrus geschrieben, der Brief des Senators auf Pergament.

Cäsars Brief kam an, PCCs Schreiben nicht.

Der Bote des Senators erreichte Brundisium nicht. Das Schiff nach Alexandria fuhr ohne ihn ab.

Wo er geblieben war?

In dieser unruhigen Zeit verschwanden viele.

Später gab es Vermutungen. Der Bote sei überfallen und beraubt worden, hieß es. Er sei verunglückt, behaupteten andere. Er sei ein Schlitzohr, flüsterten ganz Gescheite. PCC habe ihm nicht nur den Brief an Cäsar mitgegeben, sondern auch Gold und Silber, damit er die Schiffsreise von Brundisium in Italia zu Cäsar im ägyptischen Alexandria und zurück bezahlen könne, dazu vergnügtes Leben während der Reise. Dieses Geld, unkten die ganz Gescheiten, habe der Spitzbub unterschlagen und sich aus dem Staub gemacht. Nun führe er auf Capitos Kosten irgendwo im Verborgenen ein feines Leben.

Je länger über den verschwundenen Reiter geredet wurde, desto mehr Leute neigten der Spitzbuben-Erklärung zu.

Wünsche

Eine Zeitlang lag Cyran bewußtlos, noch länger döste er in Fieberphantasien dahin. Der Wächter hatte hart zugeschlagen. Es war ein Wunder, daß Cyrans Kopf dem Speerschafthieb standgehalten hatte.

Trotzdem sah es nicht gut aus. Der Leibarzt des Senators runzelte immer wieder die Stirn. Seine Mittel halfen nicht, und nach zwei Aderlässen war Cyran nur noch schwächer geworden.

„Gib dir Mühe!“ befahl Tiberia Verena dem Leibarzt. „Der gallische Lümmel darf erst sterben, wenn Cäsar ihn anderen Leuten als Geisel übergibt. Also streng dich an. Sobald Ciranus unser Haus lebendig verlassen hat, belohnen wir dich mit Goldstücken. Stirbt er hier, belohnen dich die Götter im Jenseits.“

Das war eine Drohung. Der Arzt wußte, daß die Domina nicht scherzte. Er strengte sich an, ohne viel zu erreichen. Zum Glück ließ sich der Kranke in seinem Delirium füttern. Er schluckte, was man ihm einflößte, und phantasierte dann weiter. *Ein* Wort flüsterte er immer wieder vor sich hin: „Herat . . .“

„Nichts von Bedeutung“, erklärte die Domina, als der Arzt es ihr erzählte. „Er kriegt sie ja doch nicht.“

Der Senator ließ sich am Krankenbett kaum blicken. Seitdem ihm Ciranus an die Kehle gesprungen war, empfand er Widerwillen gegen ihn. In ehrlichen Augenblikken gestand er sich ein, daß er sich vor dem Jungen fürchtete. Hoffentlich bestimmte Cäsar sehr bald einen anderen Vormund für den gefährlichen Barbaren!

Den Tod wünschte PCC ihm nicht. Wenn er es recht überlegte, war manches verständlich, was der gallische Dickschädel in seinem jugendlichen Zorn tat. Auf Cäsars Befehl war er verschleppt worden, erhielt keine Nachricht von zu Hause und wurde auf Schritt und Tritt bewacht. Und das Mädchen Herat, seine erste große Liebe, versteckte man vor ihm, als ob er ein böser Geist wäre. Sooft Publius Cornelius Capito in seinen Überlegungen bis hierher gekommen war, gab er sich einen Ruck, stampfte mit dem Fuß auf und brummte: „Verschleppt hin, Herat her! Er hat mir die Gurgel zugedrückt! Cäsar soll sich beeilen!“ ...

Cyran verdöste sehr lange, was um ihn herum und in Rom geschah. Als er es erfuhr, war es zuviel für ihn.

Zuviel auf einmal.

Im Landgut

Für Herat und Tanit brachen schlimme Zeiten an. Jetzt lernten sie das Leben römischer Geiseln von der dunklen Seite her kennen. Dabei wurden sie nicht geschlagen; und die Sklaven um sie herum sollten höflich zu ihnen sein.

Capitos Landgut, in das sie gebracht worden waren, lag auf einem der fruchtbarsten Hänge der Sabiner Berge. Es war ein Dorf für sich und warf PCC reichen Gewinn ab. Angebaut wurden Wein, Spelt, Feigen, Oliven und Gemüse. Einen weitgedehnten Eichenwald weiter oben am Hang nutzte PCC für die Schweinezucht. Das Mastfutter, abgefallene Eicheln, gab es in Mengen und kostenlos.

PCCs Verwalter, ein ehemaliger Decurio des Gaius Julius Cäsar, war seinem Herrn ergeben und treu. Auf die Freigelassenen, die für Lohn arbeiteten, konnte sich der Senator genauso verlassen wie auf die bezahlten Bewaffneten, die den Besitz Tag und Nacht bewachten. Besonders vertrauenswürdige Leute hatte er als Sklavenaufseher ausgewählt. Sie achteten darauf, daß Sklavinnen und Sklaven gute Arbeit leisteten und nicht aufmuckten. Bei der geringsten Verfehlung knallten die Peitschen. Den Aufsehern bezahlte PCC Löhne, von denen andere Antreiber nur träumen konnten.

Die Flucht eines Sklaven aus PCCs Landgut war kaum möglich. Zwei Karthager hatten es vor Jahren versucht. Sie waren nicht weit gekommen und dann auf schlimme Weise gestorben. Seither versuchte es kein Sklave mehr.

Nun waren die ägyptischen Mädchen und der ägyptische Magier auf das Landgut gekommen; die Mädchen als Geiseln, der Magier als ihr Lehrer. Als Vornehme standen Herat und Tanit über den Freigelassenen und haushoch über Sklaven und Sklavinnen. Trotzdem stimmte etwas nicht mit ihnen. Auf Befehl des Senators und der Domina sollten sie zu leichteren Arbeiten herangezogen werden, damit sie nicht auf dumme Gedanken kämen. PCC hatte dem Verwalter einige Münzen in die Hand gedrückt und ihm befohlen, auf Herat und Tanit besonders acht zu geben und sie scharf bewachen zu lassen. Vor allem durften sie keinerlei Nachrichten aus Rom empfangen.

Die Münzen bedeuteten für den ehemaligen Decurio ein kleines Vermögen. Es waren Goldstücke, die Cäsar anläßlich seines Sieges über die Gallier hatte prägen lassen. Das Schaubild zeigte den Kopf eines gallischen Kriegers mit langem Haupthaar und Vollbart: ein streng geschnittenes jugendliches Gesicht, in dem manche das Abbild des eingekerkerten Vercingetorix zu erkennen glaubten. Dem Decurio war das gleich. Ihn interessierte der Goldgehalt; der war in dieser Münze sehr hoch. Mit dem vergoldeten Gallier hatte Publius Cornelius Capito einen Wächter mit Argusaugen gekauft. Herat und Tanit wurden selbst dann beobachtet, wenn sie sich allein glaubten.

Unwahrscheinliches kam dazu: Die Sklaven hielten

zum Verwalter, der sie in PCCs Namen ausbeutete! Auch sie beobachteten die ägyptischen Mädchen auf Schritt und Tritt. Sie waren bereit, Herat und Tanit beim geringsten Fluchtversuch festzuhalten und dem Verwalter auszuliefern.

Warum?

Auf den Rat der Domina hatte PCC jenen Sklaven und Sklavinnen die Freiheit versprochen, die die ägyptischen Mädchen auf der Flucht abfangen und zurückbringen würden.

Freiheit!

Welchem Gefangenen wäre da nicht jedes Mittel recht gewesen, sie zu erreichen! Neid auf die bevorzugten Mädchen kam dazu.

Ein weiterer Aufpasser war Tothmes. Er unterrichtete Herat und Tanit in allem, was sie wissen sollten, und bewachte sie verbissen. Ihm hatte Capito Gold oder die Sklaverei versprochen. Gold, wenn die Mädchen im Landgut blieben, Sklavenarbeit, wenn sie fliehen sollten. „Dann", hatte PCC gedroht, „würden dir weder deine Zauberei noch deine Götter helfen!"

Daß die Domina auf Herat und Tanit nicht gut zu sprechen war, merkten der Verwalter, die Aufseher und die Sklaven schon beim zweiten Besuch der Herrin. Augen abhängiger Leute sehen scharf, Ohren Unterdrückter hören genau.

Herat und Tanit bekamen es zu fühlen.

Die Arbeit im Gemüsegarten fiel ihnen nicht schwer. Sie lenkte von der Langeweile ab und von Tothmes, in dem sie den Feind fühlten. Auch Handarbeiten mit Nadel und Faden demütigten sie nicht.

Schlimm waren die Blicke und die anzüglichen Reden der Sklavinnen und Sklaven, die scheinbar ins Leere gesprochen wurden. Es fielen keine Namen, doch Herat und Tanit wußten, daß *sie* gemeint waren. Da tuschelten einige so laut, daß die Mädchen es hören mußten, von bevorzugten Nilratten, denen man es eines Tages zeigen werde; von Schmarotzern, die auf Kosten schuftender Sklaven ein fettes Leben wie Würmer im Fleisch führten; von ägyptischem Ungeziefer, das man eines Tages wie Mistkäfer zertreten werde.

Und immer wieder geschah Ekelhaftes. Verfaulte Früchte trafen Herat und Tanit; Eidechsen huschten ihnen plötzlich über die Füße; und eines Nachts schrie Herat auf, weil ihr eine Schlange über das Gesicht kroch. Es war ein ungiftiges Reptil, aber der Schreck blieb.

Beschwerden taten der Verwalter und dessen Frau als „Hirngespinste" ab. Beschwerden bei PCC und Tiberia Verena waren bald nicht mehr möglich. Die beiden stellten ihre Besuche ein.

Herat hoffte auf Cyran. „Er ist klug, listig und tapfer", versicherte sie Tanit immer wieder. „Ich weiß, daß er mir – daß er *uns* helfen wird."

Jedesmal schüttelte Tanit den Kopf dazu. „Mach dich nicht lächerlich, Herat", sagte sie. „Er ist eingesperrt wie wir, und daß er dich – nun ja, du weißt schon, was ich meine –, also das bildest du dir nur ein. Einem eingesperrten Jungen vergeht das Schwärmen, verlaß dich drauf."

Es war zum Heulen. Nicht einmal miteinander konnten sie noch vernünftig reden. Cyrans wegen waren sie Rivalinnen, auch wenn keine es zugab.

An Flucht dachten sie nicht mehr. Immer deutlicher erkannten sie die Wächter, von denen sie belauert wurden.

Am meisten litten sie darunter, daß sie nichts von Cyran hörten.

Sklaven und Freigelassene tuschelten, daß eine Verschwörung gegen Cäsar aufgedeckt und niedergeschlagen worden sei; daß vereinzelt noch Kämpfe tobten; daß sich römische Senatoren, römische Ritter und römische Bürger mit aufständischen Ausländern verbündet und mit diesen nun ausgespielt hätten.

„Leider“, murmelten die meisten Sklaven des PCC.

Herat und Tanit interessierten die Auseinandersetzungen wenig, da der Name Cyran nicht fiel.

Tanit gelobte ihren Göttern Opfer für ihre und Cyrans Rettung.

Herat versprach ähnliches.

Jeden Abend, kurz vor dem Einschlafen, hoben sie die Hände zum Himmel.

Das tat auch der Magier Tothmes. In PCCs Landgut wurde er nicht mehr als Zauberer gefürchtet. Seine Masken und Geräte fehlten ihm: der Mantel mit den versteckten Taschen darin; das Pulver, das farbiges Feuer spie; die Glassteine, die in magischem Licht leuchteten; die Blechstücke, die dämonischen Donner grollen ließen; die Wasserschalen, aus denen betäubende Düfte strömten; die Papyrus-Pfeifen, die geheimnisvoll zwitscherten; das Grollen der Dämonen aus riesigen Muscheln; das Schnattern der Vögel, das Geschrei verdammter Seelen, das Heulen der Schakale und das Gelächter der Hyänen . . .

PCC, dieser römische Schurke, und Tiberia Verena, sein verdammtes fettes Weib, hatten ihm, dem Magier, nicht gestattet, auch nur einen einzigen Zauber aus der Villa ins Landgut mitzunehmen. Sie sagten ihm nicht einmal, warum sie es nicht erlaubten. „Du gehst ohne deinen Firlefanz mit Herat und Tanit“, hatte PCC befohlen. „Sollte dir das nicht passen, entlasse ich dich aus meinem Dienst.“

Aus dem Dienst eines Senators entlassen zu werden, bedeutete Abstieg ins Elend. Kein wohlhabender Römer würde so einen Mann beschäftigen. Eine Entlassung aus vornehmem Hause ging wie ein Lauffeuer durch Rom.

„Deine Zaubersachen sind in der Villa gut aufgehoben“, hatte die Domina gesagt. „Sobald du deine Aufgabe im Landgut erfüllt hast, stehen sie dir wieder zur Verfügung; und wir werden dich unseren Bekannten als den größten Zauberer aller Zeiten empfehlen. Nicht wahr, Capito?“

„Selbstverständlich“, hatte der Senator zugestimmt; und Tothmes war ohne sein magisches Werkzeug ins Landgut gefahren.

Verdammter Senator!

Verdammte Domina!

Der Magier Tothmes wünschte Publius Cornelius Capito und Tiberia Verena in die Rachen der heiligen Nilkrokodile und hütete Herat und Tanit wie seine Augäpfel...

Dann kam der Tag, an dem Herat tobte.

Nach langer Abwesenheit erschienen PCC und die Domina wieder einmal im Landgut. Sie kamen am späten Vormittag, die Leibwache begleitete sie.

Diesmal wollten sich der Senator und seine Gemahlin nicht nur umsehen, diesmal roch es nach Feierlichkeit. Im Gepäckwagen lagen Delikatessen aus fernen Ländern: afrikanische Datteln, armenische Aprikosen, Räucherwürste aus Gallien, Gewürze aus der Cyrenaika und dem fernen Asien, germanischer Met, leicht gesalzenes kappadokisches Brot und gepökelte Fische aus Fluß und Meer. Solche Leckerbissen gab es selbst bei Gastmählern in PCCs Villa nur selten.

Dazu kamen vom eigenen Landgut Gemüse, Früchte, gewürzter Wein und Fleisch. Zur besonderen Feier des Tages wurde ein junger Esel geschlachtet.

Hektischer Betrieb war überall. Scharfe Stimmen kommandierten, Sklaven hetzten durcheinander. Braten- und Gewürzgerüche vermischten sich mit dem Duft der Blumen, die in riesigen Sträußen zum Schmücken der Pforten und Innenräume angeschleppt wurden.

Die Frau des Verwalters befahl Herat in das Zimmer der Herrschaft.

„Nur Herat?“ maulte Tanit. „Was ist mit mir?“

„Nur Herat“, wiederholte die Frau.

Tanit zuckte die Achseln. „Dann eben nicht“, sagte sie zu sich selbst. „Es wird sowieso nichts Gescheites herauskommen. Tiberia Verena meint es nicht gut mit uns.“

Im großen Cubiculum saßen der Senator und die Domina in festlicher Kleidung. Ihnen zur Seite standen je zwei Wächter, die stur vor sich hinglotzten.

Als Herat eintrat, breitete Tiberia Verena die Arme aus.

„Mein liebes Kind!“ rief sie überschwenglich. „Komm zu mir und laß dich küssen!“

Herat hatte ein ungutes Gefühl. Tiberia Verenas Freundlichkeit kam ihr verdächtig vor.

„Tritt näher, Mädchen“, sagte der Senator ebenso liebenswürdig. „Na komm schon!“ Das klang bereits ungeduldig.

Herat gehorchte, ließ sich zuerst von der Domina, dann von PCC umarmen, auf die Wange küssen und mußte sich beherrschen, um sich nicht das Gesicht abzuwischen. Die Küsse waren laut und sehr feucht gewesen.

Die Posten glotzten ungerührt weiter.

„Setz dich, liebes Kind“, flötete die Domina und deutete auf einen Hocker nebenan.

Herat setzte sich.

Der Senator und seine Gemahlin kamen zur Sache; allerdings redete Tiberia Verena bedeutend mehr als ihr Gatte. Sie holten unheimlich weit aus, sprachen von der Schönheit der Weltstadt Rom, priesen das angenehme Leben in der römischen Gesellschaft und schwärmten von römischer Kultur und römischen Festen.

Was wollen sie damit? überlegte Herat.

Sie redeten von Cäsar, seiner Weisheit und Güte.

Warum?

Dann sprachen sie von Livius Felix, dem hochbegabten einzigen Sohn des einflußreichsten Offiziers in Cäsars Generalstab.

Livius Felix? dachte Herat. Der mir bei jeder Gelegenheit schöne Augen und Komplimente macht und trotz seines mächtigen Vaters gegen Cyran ein Niemand ist? Sie schmunzelte, als ihr einfiel, wie Cyran den Nebenbuhler in PCCs Muränenteich geworfen hatte.

Capito und Tiberia Verena wurden deutlich.

Herat schmunzelte nicht mehr. Sie saß mit weitgeöffneten Augen. Einige Herzschläge lang hielt sie den Atem an, dann rang sie nach Luft und verkrampfte die Hände zu Fäusten. Ungeheuerlich war, was Cäsar, Capito und Tiberia Verena ihr zumuteten.

Auf Cäsars Befehl sollte sie die Gattin des Livius Felix werden!

Herat schloß die Augen. Mit welchem Recht erlaubte sich dieser Cäsar, über ihr Leben zu bestimmen?

„Nun?“ drängte PCC.

„Livius Felix liebt dich von Herzen“, säuselte die Domina. „Du wirst zu den angesehensten und einflußreichsten Damen Roms gehören, liebste Herat. Du wirst keine Geisel mehr sein, sondern befehlen.“

„Sei freundlich zu Livius Felix“, sagte der Senator. „Er kommt heute nachmittag, um sich mit dir zu verloben. Es soll ein Fest werden, an das du dein ganzes Leben lang denken wirst.“

Herat drehte durch. Sie sprang auf, stampfte mit den Füßen, schüttelte die Fäuste und schrie wie von Sinnen: „Nein! Nein!! Neiiin!!!“ Dann schien es, als ob sie sich auf die Domina stürzen wollte.

Jetzt glotzten die Wächter nicht mehr. Zwei sprangen vor, packten Herat an den Armen und hielten sie fest. Sie wand sich vergebens, stieß vergeblich mit den Füßen um sich und schrie umsonst in ohnmächtigem Zorn.

Der Senator und die Domina schienen ähnliches erwartet zu haben. Tiberia Verena klatschte in die Hände. Die Frau des Verwalters brachte einen Pokal.

„Trink das, Herat!“ befahl PCC. „Es wird dich beruhigen.“

Die Frau des Verwalters setzte der Tobenden das Gefäß an den Mund. Herat stieß es mit geschlossenen Lippen von sich. Der Becher kippte, auf dem Fußboden bildete sich eine Lache, die starken Duft verströmte.

„Ich lasse mich nicht betäuben!“ schrie Herat.

Die Frau des Verwalters säuberte den Fußboden und ging.

Jetzt klatschte der Senator in die Hände, und Tothmes erschien. PCC nickte ihm zu.

„Nein!“ schrie Herat noch einmal.

Die Blicke des Magiers brannten mit dämonischer Gewalt. Dazu hörte die Verzweifelte leise ägyptische Worte, die sie müde machten. Vergebens versuchte sie sich dagegen zu wehren. Ihre Bewegungen wurden langsamer und kraftlos, dann erstarben sie.

„Gut, Tothmes“, lobte PCC.

„Jetzt sollte sie ruhen“, sagte der Magier. „Am Nachmittag wird sie zugänglicher sein.“

Zwei Sklavinnen trugen Herat hinaus.

Gefesselt

Als Cyran erwachte, roch er Räucherwerk. Verwundert blinzelte er in das Flämmchen einer Öllampe. Er fand sich nicht zurecht, er wußte nicht einmal, wo er war. Auch das Gefühl für die Zeit hatte er verloren. Er erkannte nur, daß er auf Wolldecken lag.

Der Weihrauch reizte zum Husten. Cyran zuckte zusammen, unterdrückte den Hustenreiz und lauschte ins Dunkel. Irgendwo war ein leises, sägendes Geräusch.

Jemand schnarchte in der Nähe.

Cyran richtete sich auf, unter ihm knarrte ein Bettgestell.

Das Sägen verstummte, und eine verschlafene Stimme fragte: „Bist du wach, Ciranus?"

Die Stimme kam Cyran bekannt vor, aber das Nachdenken fiel ihm schwer. In seinem Gehirn war eine Leere, die sich nur allmählich füllte. „Ja", murmelte er müde, „ich bin wach."

„Jupiter sei Dank!" seufzte die Stimme erfreut. Dann klickte es, als ob Feuer geschlagen würde, und kurz darauf wurde es hell. Drei, vier, fünf, sechs weitere Öllampen leuchteten den ganzen Raum aus.

Ein Mann im Nachtgewand reichte Cyran einen Becher. Cyran erkannte den Leibarzt des PCC. „Trink", sagte der Arzt. „Es ist verdünnter Wein, den ich mit Heilkräutern versetzt habe."

Cyran trank und erkannte nun auch den Raum, in dem er sich befand. Es war das Dormitorium (das Schlafzimmer) des Leibarztes. Bei diesem, einem gebildeten griechischen Freigelassenen, war Cyran schon öfter gewesen, weil er sich mit ihm immer gern unterhalten hatte. In der Villa des Senators standen dem Leibarzt drei Räume zur Verfügung: ein Wohn-, ein Schlaf- und ein Behandlungszimmer. Der Arzt hatte alle nach seinem Geschmack eingerichtet und Cyran öfter herumgeführt, wenn er etwas Neues gekauft hatte: eine Plastik, ein Möbelstück oder einen Leuchter.

Cyran vertraute ihm, deshalb hatte er ohne Bedenken aus dem Becher getrunken.

„Jupiter sei Dank", sagte der Grieche noch einmal. „Wenn du unter meinen Händen zu den Göttern gegangen wärst, hätte PCC es mir sehr übelgenommen. Deshalb brachte ich dich in mein Dormitorium, um dich ständig unter Kontrolle zu haben." Er seufzte. „Ich habe mein Bestes getan und dir von meiner wertvollsten Medizin gegeben.“ Er seufzte. „Aber es hat unheimlich lang gedauert, und manchmal war ich am Verzweifeln.“

„Unheimlich lang?“ fragte Cyran. „*Wie* lang denn?“

Der Arzt winkte ab, drückte Cyran auf die Lagerstätte zurück und sagte: „Bevor du mir die Seele aus dem Körper fragst, erzähle ich dir alles freiwillig.“

Cyran griff sich an den Kopf, schloß die Augen – und die Erinnerung kam. „Erzählst du mir von Herat?“ fragte er hastig.

„Es ist viel geschehen während der Zeit, in der du sehr krank warst“, sagte der Arzt. „Hör mir zu.“

„Ich höre“, murmelte Cyran und kniff die Daumen ein. Das Daumendrücken war ein Zauber der keltischen Druiden gegen Böses, das geschehen war, geschieht und noch geschehen wird.

Der Leibarzt berichtete. Je länger er redete, desto aufmerksamer lauschte der Junge.

Und das war geschehen:

Die Verschwörer um Primus und Postumus waren bestraft worden. Besonders hart hatte es *gallische* Sklaven getroffen, ob sie an der Verschwörung teilgenommen hatten oder nicht. Am Stadtrand von Rom waren viele Kreuze aufgerichtet worden.

Die Gallier des Capito hatten fliehen können. Wer ihnen zur Flucht verholfen hatte, blieb geheim.

Und Cäsar ließ ein Forum bauen; ein gewaltiges Prachtstadion auf dem Capitolinischen Hügel, nahe dem Heiligtum der Vesta. Die berühmtesten Baumeister, die begabtesten Bildhauer und ein Heer von Sklaven gestalteten den Platz, den ein Tempel der Göttin Venus und eine lebensgroße Reiterstatue des siegreichen Cäsar krönen sollten. Zu den schwersten und schnellsten Arbeiten wurden gallische Kriegsgefangene getrieben.

Dann sollten die Römer den prächtigsten Triumphzug aller Zeiten erleben: die – wenn auch verspätete – Feier von Cäsars Sieg über die Gallier und einige andere Völker dazu. Vercingetorix, der Cäsar getrotzt, alle Verantwortung auf sich genommen hatte und seit Jahren im Kerker auf seine Hinrichtung wartete, sollte als bedeutendster Gefangener im Triumphzug mitgeschleppt werden.

Noch immer gesucht, erzählte der Leibarzt, würden ein gewisser Primus, dessen Kumpan Secundus und Aristoteles, ein griechischer Lehrer. Der Leibarzt zuckte die Achseln. „Bisher vergebens."

„Eins und Zwei und Aristoteles", flüsterte Cyran.

„Eins und Zwei?" fragte der Leibarzt. „Solltest du doch noch sehr krank sein?" Er legte dem Jungen die Hand auf die Stirn.

Cyran schüttelte ihn ab. „Ich bin gesund", sagte er ärgerlich. Dann packte er den Arzt an den Schultern. „Wo ist Herat?!" fuhr er ihn an.

Da der Kranke sehr geschwächt war, fiel es dem Arzt nicht schwer, sich zu befreien. Er drückte Cyran auf das Lager nieder und eilte zur Tür. „Der Senator hat mir befohlen, ihn sofort zu verständigen, sobald du wieder ansprechbar bist", erklärte er hastig. Er warf sich einen Mantel über, riß die Tür auf, und Cyran sah, daß draußen Posten standen. Von Zugluft bewegter Fackelschein verzerrte ihre Gesichter.

Die Tür schlug zu.

Cyran sprang zum Fenster und sah in den Hof hinaus. Auch dort standen Wächter. Einer unterhielt ein Feuer aus Holzscheiten. Am Horizont zeigte sich ein heller Streif.

Cyran setzte sich aufs Bett, stützte den Kopf in die Hände und grübelte. Er versuchte an Vercingetorix zu denken, an Eins und Zwei, an die geflohenen Gallier des PCC und kam immer wieder auf Herat zurück.

Dann klopfte ihm das Herz, daß es schmerzte.

Der Leibarzt kam mit dem Senator und der Domina. Nach ihnen klirrten Wächter herein, drückten die Tür zu, stellten sich breitbeinig davor und kreuzten die Lanzen.

Cyran sprang auf. „Wo ist Herat?!“ schrie er den Senator an.

„Ich freue mich, daß du wieder ansprechbar bist, Ciranus“, sagte PCC kühl. „Es hat lange genug gedauert.“

„Wo ist Herat?!“ keuchte Cyran noch einmal.

„Setz dich!“ befahl Tiberia Verena. „Wir sind gekommen, um es dir zu sagen, und hoffen, daß du dich wie ein Mann benehmen wirst. Setz dich jetzt!“

Cyran gehorchte verwirrt.

„Herat und Tanit leben auf unserem Landgut in den Sabiner Bergen“, erklärte der Senator.

„Wann darf ich sie besuchen?“ rief Cyran aufgeregt.

Die Domina schüttelte den Kopf. „Wieso besuchen, Ciranus? Herat legt keinen Wert auf deinen Besuch. Vor vier Tagen verlobte sie sich mit Livius Felix!“

„Nein!“ schrie Cyran auf.

Dann war es wie in einem vorbereiteten Schauspiel. Die Wächter packten Cyran und hielten ihn fest.

„Sei vernünftig, Ciranus“, brummte PCC. „Es gibt noch andere Mädchen als Herat.“

Der Leibarzt wandte sich ab und starrte zum Fenster hinaus.

„Ich weiß, Ciranus, daß Livius Felix nicht gerade dein Freund ist“, sagte die Domina. „Ich weiß auch, warum; aber Livius Felix ist nun einmal der Stärkere. An seinem achtzehnten Geburtstag wird Herat seine Gemahlin.“

„Auf Cäsars Befehl“, verkündete PCC. „Von Livius hat sie ja auch mehr als von dir, mein lieber Ciranus. Außerdem bist du ein Verschwörer – zumindest ein halber – und könntest dem armen Mädchen nur ein unstetes Leben bieten.“

Cyran sackte zusammen, als ob er einen Schlag erhalten hätte. Die Wächter lockerten den Griff.

Cyran atmete tief, dann stammelte er: „Und – Herat? – Habt ihr sie – gezwungen?“

„Sie denkt vernünftig“, antwortete die Domina. „Livius Felix steht eine glänzende Karriere bevor. Er wird Herat ein Leben bieten, das sich ein kleiner gallischer Häuptlingssohn nicht einmal vorstellen kann. Außerdem ist Cäsars Wille Gesetz."

„Das soll sie mir selbst sagen!" keuchte Cyran, schüttelte die Wächter ab und streckte die Finger wie Krallen vor.

„Hilfe!" kreischte Tiberia Verena.

Doch Cyran griff niemanden an. Er stürzte zu Boden und wälzte sich in schrecklichen Zuckungen. Schaum trat ihm auf die Lippen, und er stieß Schreie aus, die nichts Menschliches mehr an sich hatten.

„Die Götter haben ihn mit der heiligen Krankheit geschlagen", murmelte einer der Wächter entsetzt und schützte sich mit einem magischen Zeichen.

Cyran gebärdete sich immer wilder.

„Schrecklich", sagte die Domina angewidert.

„So hilf ihm doch!" fuhr PCC den Leibarzt an.

Dieser zuckte die Achseln. „Hier hilft keine ärztliche Kunst, Herr", sagte er müde. „Gegen diesen Schlag der Götter kommt weltliche Wissenschaft nicht an. Ich kann den Unglücklichen nur davor bewahren, daß er sich und anderen in seinem Wahn ein Leid antut."

„Und wie?" erkundigte sich Tiberia Verena knapp.

„Er muß in Ketten gelegt werden", sagte der Leibarzt mitleidig. „Und in Ketten muß er liegen, bis die Götter ihn zu sich nehmen oder bis er sich beruhigt und vielleicht gesund wird. Aber das käme einem Wunder gleich. Mit Wundern sparen die Götter heutzutage."

Wieder bäumte sich Cyran auf, krallte die Fingernägel in die Wangen und kreischte mit schriller Stimme.

„Fesselt ihn!" befahl PCC den Wächtern.

Sie gehorchten. Auf einen Wink des Arztes legten sie den Tobenden auf das Lager und banden ihn da fest. Schreiend bäumte sich Cyran auch noch in seinen Ketten auf.

„Du kümmerst dich weiterhin um ihn“, befahl PCC dem Leibarzt.

„Ja, Herr“, sagte dieser und verbeugte sich.

Der Senator, die Domina und die Wächter verließen das Dormitorium.

Daumen nach oben

PCC und die Domina verließen Cyran sehr aufgeregt. Daß Herats Verlobung dem Jungen einen Schock versetzen würde, der ihn wahn- und tobsüchtig werden ließ, hatten sie nicht erwartet. Sie fühlten sich unbehaglich und waren müde, als ob sie gearbeitet hätten.

Sie beschlossen, sich zu erfrischen; zuerst in den Bädern, dann im Salbraum.

Das Warmwasserbad in der Villa war ständig beheizt und stand dem Ehepaar und Freunden jederzeit zur Verfügung. PCC und Tiberia Verena badeten zuerst im warmen Wasser, dann stiegen sie kurz ins Kaltbad. Wesentlich besser gestimmt, ließen sie sich im Salbzimmer von Sklaven durchkneten und mit wohlriechenden Salben und Wässerchen einreiben.

Dann ruhten sie eine Zeitlang, und nach der Morgentoilette genossen sie ein leichtes Frühstück. Dabei kamen die trüben Gedanken leider wieder.

Da war Herat, das ägyptische Biest! Vor vier Tagen, als sie von ihrem Glück an der Seite des Livius Felix erfahren hatte, war sie überhaupt nicht damit einverstanden gewesen. Sie hatte auch nein gesagt, als sie am Nachmittag aus der Hypnose des Magiers Tothmes erwacht war.

Tothmes, dieser Trottel!

Er hatte sich energisch dagegen gewehrt, ein Stümper zu sein. „Was einem Menschen völlig zuwider ist, das tut er auch nicht unter dem Zwang der Hypnose“, hatte er behauptet.

Die Verlobung war ins Wasser gefallen.

Als Livius Felix und seine Freunde im Landgut des PCC eintrafen, wurde Herat ohnmächtig, und Tanit jammerte schrecklich. PCC, Tiberia Verena und Tothmes hatten das Gefühl, daß Herat die Ohnmacht nur spielte, aber sie zuckte mit keiner Wimper, als die Domina sie mit der Nadel stach. Und immer wieder flüsterte sie, anscheinend im Unterbewußtsein, den Namen Cyran.

Da hatte sich Livius Felix mit Bedauern verabschiedet, um ein andermal wiederzukommen.

„Keine Bange, lieber junger Freund“, hatte ihm Tiberia Verena versichert, „Herat *wird* deine Gemahlin. Notfalls werde ich sie zu deinem und ihrem Glück zwingen.“

Da war Livius Felix beruhigt davongefahren.

Und Herat, dieses Miststück, war prompt aus ihrer Ohnmacht aufgewacht, als PCC und die Domina ins Haus zurückkamen . . .

„Dieses freche, widerspenstige Ding!“ schimpfte Tiberia Verena jetzt beim Frühstück. „Da ist Livius Felix Cäsars Günstling, und der Feldherr verspricht ihm und Herat ein Landgut bei Rom als Hochzeitsgeschenk! Und Kleopatra, die ägyptische Königin, schenkt ihnen zur Hochzeit ein Stadthaus in Alexandria! Das hat Livius Felix schriftlich bekommen!“

„Er verdankt es dem Einfluß seines Vaters“, warf PCC ein.

„Wem er es verdankt, ist gleichgültig“, verwies ihn die Domina. „Hauptsache, er kriegt es.“

„Herat wäre keine Geisel mehr“, meinte PCC, „und wir wären sie los.“

„Auch Tanit“, sagte Tiberia Verena. „Wir würden sie

Herat mitgeben. Und sie könnten die längste Zeit des Jahres in ihrem Stadthaus in Ägypten bleiben. In den ersten Jahren nach der Hochzeit dürfte Livius Felix als Cäsars Offizier ziemlich lange in fremden Provinzen unterwegs sein."

„Wenn dieses dumme Ding bloß nicht gar so sehr in Ciranus verschossen wäre!" schimpfte Capito.

„Es wird höchste Zeit, daß Cäsar uns von ihm befreit", sagte die Domina bissig. „Hoffentlich trifft der Bote heute noch ein!"

„Hoffentlich", stimmte PCC zu, und beide hielten die Daumen nach oben. Das war das beschwörende Zeichen für gutes Gelingen. Capito und Tiberia Verena wollten ihren Nachfolgern einen Lebendigen übergeben und keinen Verewigten, der an Liebeskummer gestorben war.

„Ich werde meinem Leibarzt so viel Geld versprechen, wie er mit beiden Händen fassen kann", murmelte PCC, „die Hälfte in Gold, die Hälfte in Silber."

„Und ich werde dem Gutsverwalter befehlen, Herat und Tanit zu *harter* Arbeit heranzuziehen und ihnen das Essen der Ackersklaven vorzusetzen", sagte die Domina. „Sie werden es nur eine Zeitlang ertragen. Dann . . ." Sie lachte, „. . . dann wird ihnen das Leben bei Livius Felix wie der Himmel erscheinen. Und Tanit wird Herat zureden, den lieben Livius zu heiraten, verlaß dich darauf, Capito."

„Deine Worte in Jupiters Ohren", murmelte PCC.

Und wieder hielten sie die Daumen nach oben.

Domina Herat

PCCs Leibarzt bemühte sich ehrlich; nicht nur wegen der versprochenen Gold- und Silberstücke, sondern weil er Cyran wirklich helfen wollte. Er versuchte es sogar mit Gebeten zu den Göttern der Unterwelt.

Cyran half es nur für kurze Zeiten der Ruhe. Dann kamen die Anfälle gehäuft, und er tobte in seinen Ketten.

Schließlich begnügte sich der Arzt mit dem Versorgen der Wunden, die die Fesseln dem Tobenden zufügten.

Unterdessen gingen die Vorbereitungen für Cäsars Triumphzug zügig voran. Die Aufseher, die den Bau des Julierforums überwachten, verbrauchten eine Menge Peitschen, und Massengräber für Sklaven wurden ausgehoben.

Die Suche nach Primus, Secundus und Aristoteles verlief weiterhin ohne Erfolg. Einige Spitzel des Senates behaupteten, daß die Gesuchten in einem Gefecht mit Banditen umgekommen seien. Die Nachforschungen nach den letzten Rebellen gegen Cäsar wurden immer leichter genommen und schließlich nur noch als gelegentliche Kontrollen durchgeführt ...

Unerträglich wurde es für Herat und Tanit. Der Verwalter des Landgutes teilte sie zur Feldarbeit ein. Hacke und Spaten machten die Hände schwielig und den Rücken krumm. Die Mädchen aus dem ägyptischen Hochadel sahen bald nicht mehr adelig aus. Dazu erhielten sie das Essen der Ackersklaven. Es ekelte sie an, bis sie sich daran gewöhnten und es heißhungrig erwarteten.

Capito und Tiberia Verena ließen sich sehr viel Zeit bis zu ihrem nächsten Besuch. Sie kamen erst, als die letzte Ernte vorbei und die kalte Jahreszeit angebrochen war. Livius Felix begleitete sie.

Sie redeten zu Herat und Tanit vom großen Leben, und

die Mädchen fühlten sich in ihren verschlissenen Kleidern und mit ihren zerschrammten Händen erbärmlich.

Livius Felix war sehr freundlich zu Herat. Trotzdem hörte sie nicht auf ihn. Sie bestand darauf, mit Cyran zu reden.

Livius Felix sah den Senator und die Domina unglücklich an.

„Ciranus will nichts mehr von dir wissen", log Tiberia Verena.

„Er ist unheilbar krank und wird sehr bald zu den Göttern gehen", erklärte PCC. „Ansprechbar ist er längst nicht mehr."

„Ich möchte zu ihm!" rief Herat.

Die Domina winkte ab. „Cäsars Befehl verbietet es dir."

„Dann bringt mich zu den Vestalinnen!" stieß Herat hervor. „Die Oberpriesterin ist meine Freundin. Ich werde ihr sagen, was ihr mir antut, und sie soll entscheiden. Ich weiß, daß sie gerecht urteilen wird. Bringt mich zu ihr!"

Seltsamerweise waren Capito, Tiberia Verena und Livius Felix sofort einverstanden.

Herat und Tanit atmeten auf.

Zwei Tage später fuhr Herat mit PCC und der Domina im Wagen zur Stadtgrenze, dann wurden sie in Sänften auf das Forum getragen.

Im Atrium Vestae begrüßte die Virgo Vestalis Maxima den Senator und dessen Gemahlin betont herzlich, das ägyptische Mädchen sehr kühl. Und sie sagte zu Herat: „Ich weiß, warum du meinen Rat begehrst, und rate dir gut. Gaius Julius Cäsar bestimmt dich zur Gemahlin des Livius Felix. Wie kannst du es wagen, dem Befehl des Pontifex Maximus zu trotzen?!"

„Des – Pontifex Maximus?" stammelte Herat.

„Gaius Julius Cäsar ist Oberster Priester der Stadt Rom und des ganzen Römischen Reiches", sagte die Vestalin.

„Was er befiehlt, ist Gesetz auch für uns, die Priesterinnen der Vesta. Gehorche ihm, wie wir ihm gehorchen!"

Sie nickte dem Senator, der Domina und Herat zu und verschwand. Zwei Sklavinnen geleiteten die Besucher hinaus. Herat wurde in das Landgut zurückgebracht.

Weiterhin mußten die ägyptischen Mädchen hart arbeiten. Auch in der kalten Jahreszeit gab es viel zu tun. Mit sichtlichem Vergnügen teilten der Verwalter und seine Frau Herat und Tanit zu den gröbsten Schmutzarbeiten beim Vieh, in den Stuben und im Freien ein. Die Sklaven erkannten bald, daß die Mädchen strafweise schufteten, und machten sich ein Vergnügen daraus, „die Vornehmen" zu schikanieren.

Tanit fiel zuerst um. „Ich halte es nicht länger aus", sagte sie eines Abends zu Herat. „Du kannst nicht verlangen, daß ich mich für dich wie eine Sklavin abrackere. Heirate gefälligst den Livius Felix oder bring dich um, wenn du ihn nicht magst! Ich hab' keine Lust mehr, deinetwegen im Dreck zu wühlen! Versteh das gefälligst!"

Herat verstand es *nicht*.

Immer härter wurde das Sklavenleben. Besonders schlimm war, daß der Senator, die Domina und Livius Felix jetzt häufiger „zu Besuch" kamen; und daß Livius Felix die Mädchen betont höflich grüßte, selbst wenn sie sich mit Schmutzarbeit abquälten.

Herat biß die Zähne zusammen und hielt durch. Sie hoffte auf Cyran.

„Du bist blöd!" schimpfte Tanit immer häufiger. „Da hättest du das allerschönste Leben vor dir und bist stur wie ein Nilpferd! Nimm ihn doch, den Livius Felix!"

Herat verbot ihr, noch einmal von ihm zu reden.

Dann erzählte ihr eine Sklavin, selbstverständlich ganz im geheimen, daß Ciranus an der heiligen Krankheit gestorben sei.

Herat schrie wie von Sinnen. Um sie zu beruhigen, ließ der Verwalter sie mit kaltem Wasser begießen.

Tanit bedauerte den gallischen Jungen, den sie Herat am liebsten ausgespannt hätte, eine kurze Zeit, dann sagte sie energisch zu Herat: „Es ist traurig, aber ein Zeichen der Götter. Verlob dich mit Livius Felix, auch wenn du ihn noch nicht magst. Vielleicht fällt er in irgendeiner Schlacht für Cäsar, dann bist du eine wohlhabende Witwe. Reiche junge Witwen sind überall gefragt. Das hörte ich, als ich ein Gespräch des Verwalters mit seiner Frau belauschte."

Herat schlug Tanit ins Gesicht. „Du bist gemein!" schluchzte sie und redete tagelang kein Wort mehr mit „der Kleinen".

Die dauernden Schikanen verfehlten jedoch auch auf Herat ihre Wirkung nicht, und eines Tages war es dann soweit.

Herat stand allein in der Küche und weidete Fische aus. Das Messer war scharf und spitz.

Dann fehlte plötzlich der Mut. Herat ließ das Messer fallen, preßte die Hand aufs Herz und schüttelte den Kopf. Cyran war tot. Es war nicht leicht, einem Toten zu folgen.

Die Küchentür wurde aufgerissen, die Frau des Verwalters lief herein. „Da hat etwas geklirrt", fuhr sie Herat an, sah das Messer liegen, stützte die Fäuste in die Hüften und kreischte: „Hast du es weggeworfen, du Schlampe? Willst du vielleicht nicht mehr arbeiten?!" Sie hob das Messer auf und fuchtelte Herat damit vor dem Gesicht herum. „Jetzt sind Scharten drin!" schimpfte sie weiter. „Und meine Geduld ist zu Ende. Es wird höchste Zeit, daß du begreifst, was für ein Nichts du geworden bist! Ich werde dich auspeitschen lassen."

Herat zuckte zusammen, dann gab sie sich einen Ruck und sagte: „Mich auspeitschen lassen? Das wagst du nicht."

„Und *ob* ich es wage!" keifte die Frau. „Ich werde sogar befehlen, dein Gesicht nicht zu schonen!"

„Und ich werde befehlen, dir den Mund zu stopfen!" zischte Herat empört.

Die Frau des Verwalters packte eine Schöpfkelle und holte zum Schlag aus. Herat sprang zur Seite, der Hieb ging ins Leere, die Frau stolperte und fiel.

„So ist es recht", spottete Herat. „Eine Kreatur wie du muß vor der zukünftigen Gattin des Livius Felix im Schmutz kriechen!"

Es war, als ob ein Keulenschlag die Frau getroffen hätte. Statt aufzuspringen, blieb sie liegen; statt zu schreien, stotterte sie unterwürfig: „Die – die Gattin des – des zukünftigen Livius – verzeih – ich meine die – zukünftige Gattin . . ."

„. . . des Livius Felix", sagte Herat sehr von oben herab.

Die Frau stand auf und verneigte sich tief. „Ich werde sofort befehlen – bitte, entschuldige mich für kurze Zeit, Domina." Und schon war sie draußen.

„Domina", flüsterte Herat, „ich bin eine Domina." Unwillkürlich lächelte sie. Das Gefühl, plötzlich kein Niemand mehr zu sein und von bisherigen Peinigern gefürchtet zu werden, berauschte sie.

Zu weiterem Nachdenken kam sie nicht.

Tanit rannte herein. „Stimmt's, daß du den Livius heiraten wirst, Herat?" rief sie aufgeregt. „Und daß ich jetzt auch so eine halbe Domina bin? Und daß ich Duftwasserbäder kriege und Salbe für meine Hände?"

Da drängten auch schon andere Leute in die Küche herein: der Verwalter, seine Frau, Angestellte und Sklaven. Alle verneigten sich vor Herat, einige sehr tief.

Es hagelte Befehle.

Nach Rom galoppierten die besten Reiter auf den schnellsten Pferden; zwei zu PCC, zwei zu Livius Felix . . .

Fünf Tage später fand die Verlobung in Capitos Landgut statt. Die nächsten Freunde der beiden Familien waren gekommen. Für Herat hatten PCC und Tiberia Verena neben Tothmes noch drei andere Ägypter geladen:

einen Zukunftsdeuter, der vor kurzer Zeit aus Alexandria nach Rom übersiedelt und hier schon sehr gefragt war; eine adelige ägyptische Dame, die einen römischen Offizier geheiratet hatte; und Kleopatras Gesandten, der für Ägypten in Rom saß.

Vor dem Altar der Hausgötter tranken Livius und Herat einander zu. Das war der Verspruch.

Zur Hochzeit, versprach der Verlobte, sollte halb Rom mitfeiern. Seine Mutter stimmte ihm zu. Herat gefiel ihr. Der Vater war unabkömmlich bei Cäsar. Außerdem hätte er die Freudenbotschaft viel zu spät empfangen. Römische Reiter und römische Schiffe waren zwar schnell, aber keine Adler.

Livius Felix hatte zwei Kuriere mit gleichlautenden Schreiben abgeschickt. Darin dankte er seinem Vater für die Fürsprache bei Cäsar und für das Glück, das ihn erwartete.

Livius Felix war selig.

Herat lächelte ihn an. Sie verdrängte den Schmerz um Cyran, sagte sich, daß sie dankbar sein müsse, und war stolz, auf die Hochnäsigen, die sie gedemütigt hatten, hinabsehen zu dürfen. Cyran war tot. Das hatten alle bestätigt, die Herat gefragt hatte.

Cyran . . .

Ich werde ein ägyptisches Totenopfer für dich bringen, versprach sie ihm. Das wird dir drüben helfen. Ägyptische Götter sind mächtiger und barmherziger als römische und gallische . . .

Zur selben Zeit tobte Cyran in seinen Fesseln, wie er noch nie zuvor getobt hatte. Mit aller Gewalt flößte ihm PCCs Leibarzt seinen kräftigsten Beruhigungstrank ein.

Es dauerte lange, bis er wirkte.

„Armer Junge“, sagte der Arzt.

Gebete

Selten war in Rom so viel für einen einzigen Menschen gebetet worden wie in diesen Tagen, Wochen und Monaten für Cyran, den Gallier.

Für seine Totenruhe betete Herat zu ihren ägyptischen Göttern. Sie opferte kostbar und bezahlte mit dem Geld, das PCC ihr mit süß-saurem Lächeln aushändigte. „Der Verlobten des Livius Felix gegenüber dürfen wir uns nicht kleinlich zeigen", hatte Tiberia Verena gesagt.

„Schei ..." hatte der Senator gebrummt, worauf ihn die Domina strafend unterbrochen hatte: „Aber Senator! Pfui über dich!"

PCC hatte sich erstaunt gestellt und sehr beleidigt gefragt: „Wieso tadelst du mich mit pfui, Gemahlin? Ich wollte sagen: *Scheinbar* sind wir es unserem Ansehen schuldig."

„Nicht scheinbar, sondern tatsächlich", belehrte ihn die Domina.

PCC berappte für ein, zwei, drei und vier ägyptische Totenopfer. Jedesmal hatte er dabei ein schlechteres Gewissen. Cyran lebte ja noch! Die Opfer waren nicht nur hinausgeworfenes Geld, sondern Beleidigungen der Götter, die im Jenseits einem Menschen gnädig sein sollten, der das Diesseits noch nicht verlassen hatte!

Für diesen Frevel bat Capito die Beleidigten um Verzeihung und opferte den römischen Totengöttern, ohne daß die Domina davon erfuhr. Er tat es für das Heil seiner Seele.

Mit Tiberia Verena zusammen betete er zu den Göttern des Lebens, des Wohlbefindens und der Gesundheit für Cyrans Genesung und daß der gallische Dickkopf dann so schnell wie möglich zu anderen Aufpassern verschwinden möge.

Zu Hermes, dem griechischen Götterboten und Beschützer aller Schlitzohren, betete an jedem ersten Wochentag ein abgerissener Mensch im Tempel des Mercurius.

Dieser Mercurius war Hermes auf römisch.

Zu seinen Gebeten opferte der abgerissene Mensch manchmal eine Kupfermünze, ein andermal ein Stück von einem gekochten Fisch, eine Weintraube oder ein Fladenbrot, ganz selten Bratenstücke aus einer Garküche. Die Opfergaben waren gestohlen, und auf Rinder-, Schweine- und Hammelbraten paßten die Köche besonders auf.

Jedesmal, wenn der abgerissene Mensch etwas Stibitztes opferte, sagte er zum römischen Mercurius auf griechisch: „Für Cyran, damit er nicht vorzeitig stirbt. Erstens habe ich ihn in mein Herz geschlossen; zweitens prophezeite mir das Delphische Orakel damals, als ich jünger war, daß mich ein barbarischer Jüngling aus der römischen Barbarei erlösen werde." In Gedanken setzte er hinzu: Damals lachte ich über das Orakel, weil ich frei war. Jetzt lache ich nicht mehr darüber. Ich wurde Sklave, dann Freigelassener, und nun bin ich ein Gehetzter, den römische Spitzel verfolgen. Also hilf mir, Hermes, und hilf dem Cyran, daß wir beide mit heiler Haut aus Rom hinauskommen.

Dann schnippte er meist mit den Fingern und redete zu der Statue des Gottes hinauf: „Meinst du nicht, daß sie auch in Gallien einen hervorragenden Lehrer für Griechisch und Latein brauchen können? Und meinst du nicht, daß ein Fachmann wie ich in Gallien ehrfurchtsvoller behandelt wird als in dieser primitiven römischen Hauptstadt?" Dann schloß er jedesmal die Augen und bildete sich ein, daß Hermes-Mercurius ihm freundlich zunickte.

Der abgerissene Mensch mit den Opfergaben war Aristoteles, ehemaliger Lehrer und nun gesuchter Rebell.

Im Mercurius-Tempel suchte ihn niemand.

Grimmige Gebete zu gallischen Göttern stießen zwei Männer aus, die noch unbarmherziger gehetzt wurden als der Grieche: Eins, den die Römer Primus, und Zwei, den sie Secundus nannten.

Mit Mühe und Not waren sie Cäsars Häschern entkommen. Nun lebten sie unstet, verkrochen sich bald hier, bald dort und hofften auf Cyran, den sie sich als Nachfolger des eingekerkerten Arvernerfürsten erträumten. Sie wußten, daß es für Vercingetorix keine Zukunft gab. Nachdem die Verschwörung entdeckt und zerschlagen war, blieb dem Anführer der Gallier Cäsars Triumphzug nicht erspart.

Aber das Schwert des Henkers sollte ihn nicht treffen! Das hatten Eins und Zwei einander zugeschworen. Während des Triumphzuges sollte es geschehen; dann, wenn Cäsar an der Haupttribüne vorbeifuhr. Dann würden beide auf gallisch sterben: Cäsar durch den rächenden, Vercingetorix vom barmherzigen Stahl.

Eins und Zwei wußten, daß sie das eigene Leben opferten, ob der Anschlag gelang oder nicht. Sie nahmen es hin. Und jedes ihrer grimmigen Gebete schloß: „Taranis, Teutates und Epona, laßt Cyran entkommen, damit er Gallien aus römischer Knechtschaft befreit!“

Teutates, Taranis, Epona und Hermes-Mercurius zeigten sich den Verschwörern gewogen. Eines Abends führten sie die Gallier Eins und Zwei mit dem Griechen Aristoteles wieder zusammen. Die drei nahmen es als gutes Zeichen.

Sie verabredeten einen verwegenen Plan und bekräftigten ihn mit Handschlag. Daß sich Cyran noch in der PCC-Villa befand, hatte Aristoteles ausspioniert. Er hatte auch erfahren, daß der Junge sehr krank war.

„Er wird gesund werden“, sagte Zwei.

„Wenn nicht, wird Aristoteles auch den *kranken* Cyran in Sicherheit bringen“, bestimmte Eins.

Der Grieche versprach sein möglichstes zu tun und malte sich das Leben an der Seite des dankbaren Fürsten Cyran in den schönsten Farben aus.

„Woran denkst du?“ fragte Eins.

„An Pferde“, antwortete Aristoteles schlagfertig...

Auch die römischen Götter, zu denen Capito und Tiberia Verena beteten, hatten ein Einsehen.

Cyran erholte sich.

Die Tobsuchtsanfälle wurden seltener; immer länger wurden die Pausen, in denen dem Kranken die Ketten abgenommen werden konnten.

Allmählich wurde er ansprechbar. Hin und wieder gab er auf Fragen des Leibarztes sogar vernünftige Antworten.

Dann blieben die Anfälle aus; die Schürfwunden an Hand- und Fußgelenken heilten ab und vernarbten.

Cyrans Befinden besserte sich langsam, aber beständig.

Schließlich durfte er in Begleitung des Arztes täglich zu bestimmten Zeiten im Park der Villa spazierengehen; einmal vormittags, einmal am Nachmittag. Es waren nur kurze Spaziergänge, aber sie taten gut. Cyran erholte sich besser und schneller, als er es nach außen hin zeigte. Selbst der Leibarzt ließ sich täuschen.

Cyran dachte nur noch an Flucht. Fort aus Rom, weg von den Barbaren, die ihn in Ketten gelegt hatten und weiterhin gefangenhielten.

Er hörte auf jedes Gespräch, das in seiner Nähe geführt wurde, und spähte während der Spaziergänge nach Fluchtwegen aus.

Er hörte von den Vorbereitungen für Cäsars Triumphzug.

Das ist die Gelegenheit! dachte er. Wenn ganz Rom im Festtrubel taumelt, müßte die Flucht gelingen. Auch mit Herat! Sie darf auf keinen Fall zurückbleiben! Zu ihrer Befreiung schmiedete er Pläne über Pläne, verwarf sie und grübelte von neuem.

Erleichtert stellte er fest, daß er nicht mehr so streng bewacht wurde wie früher. Nur vor der Tür des Dormitoriums stand noch ein Posten. Die Wächter vor dem Fenster hatte PCC abgezogen, er brauchte sie anderweitig nötiger. Der Leibarzt hatte ihm versichert, daß Ciranus noch lange körperlich und geistig gestört bleiben werde. An Flucht sei in einer solchen Verfassung nicht zu denken.

Befreit kann er auch nicht werden, überlegte PCC. Die Verschwörung ist zerschlagen. Die wenigen Davongekommenen werden sich hüten, ihr Leben noch einmal aufs Spiel zu setzen.

Cyran spielte mit, und die Götter standen ihm bei.

Eines Abends, als er allein im Zimmer war, flog etwas durch das offene Fenster und fiel auf den Fußboden. Cyran hob einen Stein auf, um den ein Papyrus gewickelt war.

Eine Botschaft!

Cyran las im Halbdämmer:

> Wir wissen, wann Du spazierengehst. Am Tag des Triumphzuges werden wir Dich herausholen. Achte auf Hundegebell im Park. Dann hilf uns! Pferde werden bereitstehen.
>
> EZ<u>A</u>

Cyran preßte Stein und Schreiben an sich. Er wußte Bescheid. „Eins, Zwei und Aristoteles", flüsterte er dankbar. „Aristoteles hat den Stein geworfen, weil das A unterstrichen ist."

Er blickte zur Decke hinauf. „Dank euch, ihr Götter."

Rom jubelt

Der Senator Publius Cornelius Capito und die Domina Tiberia Verena gingen nicht das geringste Risiko ein. Weiterhin schirmten sie Herat und Tanit von Cyran ab. Der Junge aus Gallien erfuhr nichts über die ägyptischen Mädchen, diese nichts über ihn. Für Herat und Tanit blieb Cyran gestorben.

Die Leute des Senators schwiegen eisern. Unmenschliche Strafen drohten jedem, der den Geiseln gegenüber nicht dichthielt.

Dann warf es Cyran noch einmal zurück. Auf seine Frage nach Herat eröffnete ihm der Leibarzt befehlsgemäß, daß „das arme ägyptische Geschöpf" einer schlimmen Seuche zum Opfer gefallen sei. Drei Tage nach Herats Tod sei dann auch Tanit an derselben Seuche gestorben.

Cyran fiel aufs Lager, aber er tobte nicht. Er lag wie tot. Als der Arzt ihm einen Spiegel vor den Mund hielt, trübte sich das blankpolierte Kupfer nur schwach. Trotzdem atmete der Arzt auf. Cyran war noch am Leben, sonst hätte sein Atem das spiegelnde Metall nicht anlaufen lassen.

Obwohl PCC die Lüge befohlen hatte, drohte er seinem Leibarzt die schwersten Strafen an, „falls der geliebte Adoptivsohn Ciranus wegen medizinischer Unfähigkeit einen Dauerschaden davontragen würde".

Cyran hörte es und biß die Zähne zusammen. Die Nachricht von Herats Tod hatte ihn hart getroffen, der Rückfall war echt gewesen, hatte jedoch nur kurze Zeit gedauert. Jetzt zwang Cyran die Verzweiflung nieder und spielte den Rückfall weiter.

Arme Herat.

Aufbegehren wäre Trotz gegen den Willen der Götter

gewesen. Diesem Willen, lehrten daheim die Druiden, hatte sich jeder Gallier gläubig zu beugen, da es ein Wiedersehen im Jenseits gab.

Trotzdem war es schwer, nicht aufzubegehren.

Cyran schaffte es mit Mühe, und der Arzt ließ sich abermals täuschen. Er freute sich, daß der Patient schon nach knapp zwei Wochen wieder im Park spazierengehen konnte, wenn jetzt auch viel mühsamer als vor dem Rückfall.

Der bewaffnete Aufpasser war überflüssig. Der Arzt sagte es dem Senator, PCC überzeugte sich und zog den Posten ein.

Auch die übrige Bewachung wurde immer lässiger.

Weiterhin vergebens warteten PCC und Tiberia Verena auf Nachricht von Cäsar, Cyran auf neuen Bescheid von Eins, Zwei und Aristoteles.

Cyran blieb im Hause des Senators. Die Leute um ihn verloren kein Wort über Herat und Tanit, sie redeten nicht einmal über die Seuche und das Begräbnis . . .

Herats Vermählung mit Livius Felix wurde dann für lange Zeit zum Stadtgespräch. Da war Glanz, wohin man blickte. Cäsar hatte zwei Stabsoffiziere als Brautführer abkommandiert, Königin Kleopatra dem Bräutigam zwei ägyptische Hofbeamte als Ehrengeleit gesandt.

Rom jubelte.

Es gab Brot und Wein in allen Gassen. PCC und die Familie des Livius Felix bezahlten dafür.

Von der „Hochzeit des Jahres“ redeten alle im Hause des PCC – trotz des strengen Verbotes, von Herat zu sprechen.

Gnädige Götter ersparten Cyran das Miterleben. Sie ließen ihn einen *echten* Rückfall erleiden und bedienten sich dazu eines rostigen Nagels, in den sie den Jungen greifen ließen. Die Vergiftung wirkte rasch, die Genesung dauerte unheimlich lange. Gegen vergiftetes Blut besaß PCCs Leibarzt kein rasch wirkendes Mittel. Er betete zu sämtlichen bekannten und unbekannten Göttern, „die kräftige Natur des Galliers über den Rost römischen Eisens siegen zu lassen“.

Sie ließen es, aber sie ließen sich Zeit.

Als Cyran zu sich kam, war der Hochzeitsrummel längst vorüber, die Begeisterung verebbt. Die Leute in der PCC-Villa schwiegen wieder eisern, und von außen kam keine Nachricht herein.

Cyran erwachte zum Dämmerdasein.

„Der Schlaf, in den ihn der Nagel geworfen hat, war eher heilend als schädlich“, behauptete der Leibarzt.

PCC und die Domina nickten ihm zu – und nannten ihn, als sie unter sich waren, einen Idioten. „Das sieht doch der Dümmste, daß das Bürschchen noch sehr lange brauchen wird, bis man es wieder als einigermaßen halben Menschen bezeichnen kann“, spottete die Domina.

PCC dachte dasselbe.

Cyran ging es wirklich nicht gut. Immer wieder versuchte er krampfhaft nachzudenken, und immer wieder stieß er in Nebel . . .

Ein anderer Trubel ließ die Hochzeit des Jahres vergessen: Endlich sollte nun Cäsars Sieg über die Gallier mit dem prächtigsten Triumphzug aller Zeiten gefeiert werden. Das Julierforum war beinahe fertig, die Reiterstatue des siegreichen Feldherrn stieß majestätisch in den römischen Himmel.

Mehr Brot, mehr Wein und mehr Spiele als je zuvor waren angekündigt. Und Vercingetorix, der unverschämte Rebell, der die alleinige Verantwortung für die Schlachten in Gallien übernommen hatte, sollte im Triumphzug mitgeschleppt und dann im Kerker hingerichtet werden, nachdem er sechs Jahre lang in Ketten gelegen hatte. Wie er wohl aussehen würde?

Die Römer fieberten dem Spektakel entgegen.

„Ave Cäsar!“ schrie und grölte es schon vor dem Triumphzug durch Rom, denn bereits Tage vorher wurden Wein und Brot an das Volk ausgegeben. Das Brot war gut, der Wein schlecht. Trotzdem wurde viel mehr Wein getrunken als Brot gegessen. Das betrunkene Ave-Cäsar-Geschrei war eingeplant.

Am lautesten schrie ein abgerissener Mann in der Subura. Er fuchtelte plärrend mit den Armen, torkelte von einer Seite auf die andere – und war stocknüchtern.

Der ehemalige Lehrer Aristoteles spielte die Komödie seines Lebens. Er hüpfte und kreischte, tanzte und schrie „für Cäsar, den Sieger". Er torkelte durch die Gassen und hielt seine schmutzige Kappe auf. Und weil die Römer ein Jahrhundertspektakel erwarteten, warfen sie dem verkommenen Individuum Kupfermünzen und Fladenbrot, Oliven, Feigen und Abfall in die Mütze und merkten nicht, daß der abgerissene Kerl auf jedes ihrer Worte achtete.

Aristoteles erfuhr eine Menge Wissenswertes, denn gerade die armen Schlucker in der Subura hatten ihre Augen und Ohren überall. Alles zu sehen und zu hören war hier lebensnotwendig.

Aristoteles suchte Diebe und fand eine Vier-Männer-Bande. Als besonderen Glücksfall sah er an, daß die Kerle von auswärts nach Rom gekommen waren, um ihre Finger während des Triumphzuges nach Geldbeuteln und Schmuckstücken wohlhabender Gaffer auszustrecken. Die Spitzbuben waren fremd in Rom und der römischen Polizei unbekannt. Sie hatten sich in einer Schenke in der Subura eingemietet und konnten sicher sein, daß niemand von hier sie an Schnüffler verriet. Dem Wirt hatten sie einen Anteil an ihrer Beute versprochen.

Aristoteles war ihnen als „betrunkener Zuhörer" auf die Spur gekommen. Er hatte auch erlauscht, daß die Spitzbuben Pferde besaßen. So konnten sie, wenn es brenzlig wurde, schnellstens verschwinden. Die Gäule waren gestohlen, auch das hatte Aristoteles ermittelt.

Und weil er nicht nur Lehrer, sondern auch Philosoph war, philosophierte er mit sich selbst:

Kann Gestohlenes noch einmal gestohlen werden? Und wenn ja – wer ist dann der größere Halunke: der, der zuerst gestohlen hat, oder der, der dem ersten Dieb die Beute wegstibitzt? – Der erste Dieb, entschied Aristoteles. Der zweite, überlegte er, hat eigentlich gar nicht richtig gestohlen, sondern dem ersten nur geholfen, sich von unrecht erworbenem Gut zu befreien. Also hat der zweite dem ersten einen Gefallen getan.

Am Abend vor dem großen Spektakel sagte er zu sich selbst: „Ich bin der zweite und tu's für Cyran. Da ist es ein gutes Werk."

In der Nacht vor Cäsars Triumphzug stahl Aristoteles die beiden besten Pferde der Diebesbande samt Sätteln und Zaumzeug aus dem Schuppen des Wirtes.

Den Wächter, einen abgetakelten Legionär, hatte er mit billigem Wein erstens für sich gewonnen, zweitens stockbetrunken gemacht, drittens mit einer zerschlissenen Decke zugedeckt, damit er sich im Rausch nicht erkältete.

Der Triumphzug

Der Senat hatte Cäsar einen *großen* Triumph bewilligt und sehr viel Geld dafür ausgegeben.

Schon in aller Frühe drängten Schaulustige zum Marsfeld hinaus. Hier nahm der Triumphzug seinen Anfang. Offiziere in Paradeuniform brüllten Befehle, Legionäre formierten sich zu Centurien, Manipeln und Cohorten. Signale aus Hörnern und Kriegstrompeten schmetterten in den Trubel hinein. Waffen klirrten, Pferde wieherten,

Peitschen knallten, Antreiber fluchten, Getroffene stöhnten.

Die Neugierigen fieberten vor Erwartung. Hin und wieder klatschten sie Beifall; dann zum Beispiel, wenn Kriegsgefangene, die seit Jahren als Sklaven in Bergwerken, Steinbrüchen und Gutshöfen schufteten, als „besiegte Gallier“ herangetrieben wurden, um Cäsars Triumph zu bestätigen. Besonderen Beifall gab es für „frische Gallier“, die in Ketten heranstolperten: Aufständische, die erst vor kurzer Zeit gefangengenommen worden waren.

Die Spannung stieg.

Die Sonne war längst aufgegangen, die Soldaten standen in Reih und Glied, die Gefangenen waren zu „Besiegtentrupps“ zusammengetrieben, das Beutegut lag auf Karren und in Haufen beisammen. Nur noch Kleinigkeiten wurden unter Gebrüll und Hieben ergänzt oder verbessert.

Die Ungeduld galt Cäsar und Vercingetorix.

Der Prunkwagen des Feldherrn stand in der Mitte des Platzes, die beiden Rosseführer hatten Mühe, die vier aufgeregten Schimmel zu bändigen.

Wo blieben der Triumphator und der zum Tod verurteilte Barbarenfürst?

Die Verzögerung war geplant. Sie sollte die Erwartung steigern und dann den Jubel über den siegreichen Feldherrn um so stärker dröhnen lassen.

Doch was bedeutete hier schon Zeit? Die meisten Neugierigen am Rande des Marsfeldes besaßen sie im Überfluß. Viele waren Gelegenheitsarbeiter, Bettler, Diebe und sonstwelche Hungerleider, die von einem Tag in den anderen lebten. Hier wurden Brot und Wein verteilt, und jeder bekam, soviel er wollte.

Endlich war es soweit.

Auf schäumendem Pferd sprengte Cäsar heran. Mehr als seiner prächtigen Rüstung galt die Aufmerksamkeit der Kenner den Hufen des Hengstes. „Siehst du", raunten sie dem Nachbarn zu, „Cäsars Gaul hat an jedem Fuß vier Zehen und nicht nur einen einzigen Huf."

„Fünf Zehen", verbesserten die, die es ganz genau wußten. „Die fünfte sitzt hinten weiter oben."

Cäsar dichtauf folgten seine Stabsoffiziere in Parade-uniform.

Der dicht verhängten schmucklosen Sänfte, die von staubbedeckten Sklaven herangeschleppt und von unauffällig gekleideten Reitern flankiert wurde, schenkten nur wenige Leute Beachtung. In dieser Sänfte saß Vercingetorix.

Die Sklaven setzten sie neben dem Triumphwagen ab.

Cäsar hatte sein Pferd einem Offizier übergeben. Es sah aus, als nickte er dem gefesselten Gallierfürsten zu, der aus der Sänfte ins Freie gezerrt wurde. Doch dann befahl er knapp: „Bindet ihn an meinen Wagen!"

„Es wäre gegen die Ordnung, Cäsar", widersprach der Stabskommandant, der Vater des Livius Felix. „Vercingetorix muß mit den anderen Gefangenen *vor* dem Triumphwagen gehen."

Cäsar winkte ab. *„An* den Wagen, habe ich befohlen! Was zur Ordnung gehört, bestimme *ich*!"

„Jawohl", sagte der Stabskommandant mit unbewegtem Gesicht. Er winkte zwei Knechten, und es geschah, wie Cäsar befohlen hatte.

„Hast du das gehört?" flüsterte ein junger Offizier einem Kameraden zu. *„Er* bestimmt, was Ordnung ist. *Er* wird in Zukunft die Gesetze machen, und alle Römer müssen sich ihm beugen. Ihm, dem *Imperator*!" Er ballte die Faust. „Aber das darf nicht geschehen, hörst du?!"

„Nie", flüsterte der Kamerad.

Der junge Offizier hieß Marcus Junius Brutus und war Cäsars Adoptivsohn.

„Ave Cäsar!" schrien die Legionäre und schlugen mit den Kurzschwertern an ihre Schilde.

„Ave Cäsar!“ gellte und brüllte, schrie und jauchzte es über das Marsfeld. „Ave Cäsar!!!“ . . .

An den Straßen und Gassen, die der Zug passieren mußte, drängten sich Männer, Frauen und Kinder zusammen. Auf geschmückten Tribünen an den besten Plätzen der Innenstadt wartete die römische Oberschicht. Die Prominentesten saßen auf der in zehn Reihen ansteigenden Haupttribüne in der Nähe des Capitols. Die vordersten Plätze nahmen die Vestalinnen ein. Neben und hinter ihnen thronten und räkelten sich die Gattinnen, Söhne und Töchter der Senatoren und Stabsoffiziere, diesen Livius Felix mit seiner Mutter, Herat, seiner Gemahlin, und Tanit, deren Freundin.

Tanit klatschte in die Hände, wenn unten auf der Straße Akrobaten Purzelbäume schlugen, Feuerfresser Flammen schluckten und ausspien und Magier aus Legionärshelmen und Krügen Schlangen herauszauberten. Tothmes, dem als „einfachem Menschen“ kein Platz unter den Vornehmen zustand, klatschte den Akrobaten und Feuerschluckern ebenfalls zu. Über die Magier rümpfte er die Nase. Ihre Kunststücke beherrschte er besser als sie.

Hörner und Trompeten schmetterten, ein Ruck ging durch die Massen der Zuschauer. Die Unterhaltungskünstler verschwanden von der Straße. Ordner brüllten und peitschten zerlumpte Leute weg, die sich vor dem Spektakel heranwälzten und um Kupfermünzen balgten, die Freigebige ihnen zuwarfen.

Aufgeregt kniff Tanit die Daumen ein.

„Ave Cäsar!“ dröhnte es zunächst dumpf in der Ferne, kam näher, wurde lauter und heller und schwoll zu ohrenbetäubendem Geschrei an. „Ave Cäsar!“ jubelten die Gaffer am Straßenrand und die Vornehmen auf den Tribünen. Immer heftiger klatschten Peitschenhiebe in den Pöbel, der dem Triumphzug im Wege stand. Für besonders kunstvolle Schläge gab es Beifall von den Tribünen herunter.

„Scheußlich“, sagte Herat angewidert und merkte erleichtert, daß Livius Felix *nicht* applaudierte. Er war nicht mehr der Schnösel von damals. Er war sehr lieb zu ihr und las ihr jeden Wunsch von den Augen ab. Sie führte das Leben einer Domina in seinem Hause. Auf ihre Bitte hatte er nicht nur Tanit, sondern auch Tothmes aufgenommen und ihr so „einen Hauch Ägypten“ geschenkt. Seit Tothmes die Macht des Senators Capito nicht länger fürchten mußte, war er Herats ergebener Diener geworden. Und Cyran war tot . . .

Der Triumphzug dröhnte heran. Das Riesenschauspiel nahm auch Herat gefangen, obwohl sie sich dagegen wehrte. Sie sah in Cäsar noch immer den Feind. Aber das Schmettern der Hörner und Kriegstrompeten, der Marschtritt der Legionäre, das Klirren und Blitzen der Waffen und Rüstungen, das Elend der Gefangenen und die Schreie der Antreiber übten auch auf sie einen dämonischen Reiz aus Begeisterung und Abscheu aus.

In langen Reihen zogen Sieger und Besiegte zum Heiligtum des Jupiter hinauf, in dem Cäsar für sein Schlachtenglück danken wollte. Aus den weit geöffneten Toren aller römischen Tempel schwelten Wolken von Weihrauch ins Freie.

Die Spitze des Zuges bildeten Legionäre, die in Hörner und Trompeten stießen, dazu Soldaten mit den siegreichen Fahnen der Legion. Dahinter rollten Wagen und Karren mit Beutegut, und besonders ausgezeichnete Krieger zeigten auf großen Bildern Schlachtenszenen und eroberte Städte. Unter lautem Geschrei wurden fleckenlos weiße Rinder als Opfertiere für Jupiter mitgetrieben. Dann folgten die Gefangenen, viele von ihnen in Ketten. Sie wurden von Knechten und Gaffern verspottet und beschimpft. Hinter ihnen schritten gemessen Liktoren mit bekränzten Rutenbündeln, den Zeichen ihrer Macht; ihnen folgten die Senatoren der Stadt Rom, unter ihnen Publius Cornelius Capito, in festlichen Gewändern.

Jetzt schwollen Jubel und Gekreisch zu kaum noch erträglicher Stärke an.

„Ave Cäsar!!!"

Der Triumphwagen kam!

Zwei Roßknechte führten die vier Schimmel, die das prächtige Gefährt zogen, am kurzen Zügel. Sie hatten Mühe, die vom Lärm beunruhigten Tiere in der Bahn zu halten. Der zweirädrige Wagen blitzte von edlem Metall, Elfenbein und kostbaren Steinen.

„Ave Cäsar!!!!"

Hochaufgerichtet stand der Feldherr in goldbestickter Purpurtoga. Mit der Linken stützte er sich auf den schildartigen Aufbau des Wagens, in der Rechten hielt er das von einem goldenen Adler gekrönte Zepter. Zum Zeichen des Triumphes trug er einen Lorbeerkranz. Hinter Cäsar stand ein Sklave auf dem Wagen. Er hielt eine goldene Krone über das Haupt des Triumphators und rief diesem in kurzen Abständen zu: „Denk daran, daß du ein Mensch bist!"

Um den Wagen tanzten und sprangen buntgekleidete Komödianten zu den Klängen der Lyra. Ihre Musik hörten nur jene, die ganz in der Nähe waren.

Jetzt mischten sich gellende Pfiffe, Schmährufe und höhnisches Gelächter in den Jubel. Sie galten Vercingetorix, der hinter Cäsars Triumphwagen zur Schau gestellt wurde. Sechs Jahre Kerkerhaft hatten ein Wrack aus ihm gemacht. Nur eine kurze Strecke war er, an den Wagen gekettet, im Triumphzug mitgestolpert und dann zusammengebrochen. Jetzt saß er festgebunden auf einem klapprigen Gaul, den ein Sklave am Zügel führte. Zwei Bewaffnete schirmten ihn gegen rabiate Zuschauer ab.

Herat biß die Zähne zusammen. Sie sah Vercingetorix aus der Nähe. Er saß mit geschlossenen Augen und pendelte in seinen Fesseln hin und her. Uralt sah er aus. Um ihn noch mehr zu demütigen, hatte man ihn in eine gallische Rüstung gesteckt. Sie war dem Ausgemergelten viel zu weit und schlotterte um den schmächtigen Körper. Helm und Rüstung waren verrostet, die Beinschienen verbeult, vom Stoff hingen Fetzen herunter.

Hoch zu Roß folgten dem Gedemütigten Cäsars nächste Verwandte und Stabsoffiziere in funkelndem Prunk. Hinter ihnen marschierte in straffer Ordnung die Haupttruppe der Legionäre. Die Soldaten lobten ihren Feldherrn in lauten Sprechchören, um ihn gleich darauf – zu verspotten. Der Spott war nicht ehrlich gemeint, er sollte böse Geister vom triumphierenden Cäsar fernhalten.

„Ave Cäsar!!!"

„Tod dem Vercingetorix!!!"

Unerwartet geschah Schreckliches. Ein Centurio und ein Legionär stürzten aus dem linken Seitenzugang der Haupttribüne und warfen sich in den Triumphzug hinein. Was sie schrien, verstanden nur wenige.

„Tod dem Todfeind der Gallier!" schrie der Legionär, sprang auf den Triumphwagen zu und hob das Schwert gegen Cäsar.

„Kein Henker für Vercingetorix!" rief der Centurio, stieß einen Wächter nieder und holte zum Schwerthieb auf den Gallierfürsten aus.

Es dauerte eine Weile, bis die anderen begriffen, warum die Männer und Frauen in den vordersten Reihen der Tribüne plötzlich entsetzt aufgeschrien hatten. Dann verebbte der Lärm zum Gemurmel.

Da war auch schon alles vorbei. Der Triumphzug klirrte weiter, als ob nichts geschehen wäre. Ordner schleppten den Centurio und den Legionär durch einen Seitengang an der Tribüne hinaus. Cäsars Leibwächter hatten blitzschnell zugeschlagen. Die Angreifer waren tot, der Feldherr und sein Gefangener unverletzt.

Einige Leute klatschten zögernd Beifall, dann tobte der Jubel von neuem.

„Ave Cäsar!!!"

Hinter der Tribüne beugten sich Untersuchungsbeamte über die Erschlagenen. Es fiel ihnen nicht schwer, sie zu erkennen. Jeder Polizist in Rom kannte die Beschreibung der meistgesuchten Gallier, die nach der Zerschlagung der Verschwörergruppen entkommen und verschwunden waren. Die römischen Uniformen tarnten sie jetzt nicht mehr.

„Primus und Secundus", sagte der eine Beamte. „Jetzt können wir den Fall abschließen. Ich schreibe den Bericht an den Ädil." Der andere Beamte befahl den Ordnern: „Sorgt dafür, daß sie ohne Aufsehen begraben werden!"

Auf der Haupttribüne stützte Livius Felix seine Mutter, die vor Aufregung Atembeschwerden bekommen hatte. Herat rieb ihr Stirn und Nase mit Duftwasser ein. Es half kaum etwas. Tanit lief weg, um einen Arzt zu suchen.

Da fühlte Herat, daß jemand sie am Kleid zupfte. Es war ein kleiner Junge, den sie vorher noch nie gesehen hatte. „Bist du die Domina Herat?" fragte er leise.

Sie nickte.

Da drückte er ihr ein Schreibtäfelchen in die Hand, rannte weg und war verschwunden. Livius Felix und seine Mutter hatten nichts gemerkt.

Herat las, was jemand in aller Eile ins Wachs geschrieben hatte:

Cyran lebt. Er braucht Deine Hilfe.
Komm zur letzten Reihe der Tribüne.
Komm den Mittelgang herauf.
Allein und sofort!

Herat schrie auf.

Cyran lebte! Keinen Augenblick lang dachte sie an eine Falle, die ein Feind ihr stellte. Sie preßte das Wachstäfelchen an sich.

Livius sah sie erschrocken an. „Ist dir auch schlecht geworden?" fragte er besorgt.

Sie schüttelte den Kopf. „Nein, nein. Ich – muß aus der

Menge hinaus – nur für kurze Zeit." Sie lief die Treppenstufen des Mittelgangs hinauf. Livius Felix sah ihr betroffen nach, dann kümmerte er sich wieder um seine Mutter, die immer heftiger nach Atem rang. Er war heilfroh, als Tanit endlich einen Arzt brachte. Der konnte rasch helfen.

Unten auf der Straße marschierten die letzten Einheiten des Triumphzuges vorüber. Tanit rannte zur Brüstung der Tribüne, um den Rest des Spektakels besser genießen zu können.

Herat erregte kaum Aufsehen, als sie die Treppe hinauflief. Noch immer debattierten die Leute über den Angriff auf Cäsar und Vercingetorix.

Dann ging es nicht weiter. Auf den letzten Treppenstufen drängten sich Männer, die nicht nur mit Worten, sondern auch handgreiflich aufeinander „einredeten". Herat versuchte sich durchzuzwängen und wurde zurückgestoßen. Das Wachstäfelchen fiel zu Boden. Sie bückte sich danach, wurde am Arm gepackt und hochgerissen.

Bevor sie protestieren konnte, sagte der Mann, der sie festhielt: „Komm mit! *Ich* habe dir geschrieben." Obwohl er nicht sehr kräftig aussah, schaffte er sich mit Ellbogenstößen und Fußtritten Platz und zerrte Herat hinter sich her.

Auf der Treppe, die hinter der Tribüne in deren ganzer Breite abwärts führte, hielten sich nur wenige Menschen auf. „Lauf schneller, Herat", drängte der Mann.

Sie eilten die Stufen hinunter.

Im Laufen musterte Herat den Fremden genauer. Er trug einen orientalischen Vollbart, der nicht zu ihm paßte, und unter dem römischen Umhang lange gallische Beinkleider. Solche Bärte und Beinkleider hatte Herat bei Sklaven gesehen.

Er ist verkleidet, dachte sie, wurde unsicher und blieb stehen.

„Komm schon!" brummte der Fremde. „Die Verkleidung ist keine Falle. Der Bart schützt mich vor dem Erkanntwerden, die Hose ist praktisch zum Reiten. Und jetzt vorwärts!"

Sie liefen nicht weit. In der Nähe der Haupttribüne zog der Mann Herat in eine Bretterbude, die den Tribünenarbeitern als Werkzeugschuppen diente. Jetzt stand sie leer, die Tür war nur angelehnt.

„Wo ist Cyran?" fragte Herat schwer atmend. „Was soll ich hier, und wer bist du?"

Der Mann verbeugte sich knapp. „Ich heiße Aristoteles und bin Cyrans Freund. Du brauchst keine Angst zu haben. Hierher habe ich dich geführt, damit wir vor Beobachtern und Lauschern sicher sind. Willst du mir zuhören?"

Herat nickte. Ihr war, als ob Krallen ihr die Kehle zuschnürten.

Aristoteles erzählte von der Krankheit, in die Cyran aus Verzweiflung über Herats angeblichen Tod gefallen war. Er berichtete von den Plänen, die er, Aristoteles, mit Eins und Zwei für den Tag des Triumphes geschmiedet hatte. Es galt, Cyran zur Flucht zu verhelfen, denn jetzt erwartete ihn nur noch das Schlimmste in Rom.

Heute vormittag war die Befreiung angelaufen. Wegen des Triumphzuges hielten sich nur noch wenige Leute in PCCs Villa auf. Während Cyran, der weiterhin den Todkranken spielte, mit dem Leibarzt im Park spazierenging, hatte sich Aristoteles mit den gestohlenen Pferden an die Parkmauer herangeschlichen, die Gäule festgebunden und war in den Garten geklettert. Dort hatte er sich hinter Gebüsch versteckt und wie ein Hund gebellt. Das war das Zeichen für Cyran gewesen. Der angeblich Kranke war plötzlich sehr munter geworden, hatte den Leibarzt zu Boden gestoßen, und schon war Aristoteles da.

„Ein leichter Schlag von mir schickte den Quacksalber für einige Zeit schlafen", erzählte Aristoteles weiter. „Cyran und ich wuchteten ihn über die Mauer. Dann nahm ihn Cyran vor sich aufs Pferd, und wir jagten davon." Er schnippte mit den Fingern. „Reiten kann der Junge!" sagte er anerkennend. „Er reitet besser als ich. Jetzt wartet er mit dem Arzt in einem sicheren Versteck, bis ich zurückkomme. Dann beginnt der schwierigere Teil der Flucht. Mit deiner Hilfe wird er gelingen."

„Aber . . ." wandte Herat ein.

Aristoteles unterbrach sie. „Der Sohn des Fürsten Tac ist lange genug Geisel gewesen", sagte er eindringlich, „und du bist die Gattin des anderen."

„Weil wir belogen wurden!" stieß Herat hervor. „Cyran und ich!"

Aristoteles zuckte die Achseln. „Das ändert nichts an den Tatsachen." Er legte Herat die Hand auf die Schulter. „Mach es Cyran nicht noch schwerer. Er hat sich mit deinem Tod abgefunden, und in Gallien erwartet ihn das Leben, das er verdient. Willst du, daß er gegen Livius Felix und dessen Familie aufbegehrt? Es wäre tödlich für ihn."

„Ich ertrage Livius Felix keinen Augenblick länger!" rief Herat.

„Er liebt dich", wandte Aristoteles ein. „Wir haben euch beobachtet. Er vergöttert dich geradezu. Vielleicht glaubte er an Cyrans Tod genauso wie du."

Herat schlug die Hände vors Gesicht.

„Wer einen anderen wirklich liebt, opfert ihm auch das eigene Glück", sagte Aristoteles. „Eines Tages, vielleicht schon bald, wird Cyran Fürst in Gallien sein."

„Wie – könnte ich ihm helfen?" fragte Herat tonlos.

„Indem du dafür sorgst, daß wir nicht verfolgt werden", antwortete Aristoteles. „Wir brauchen Zeit, um nach Gallien zu kommen, und ein kleiner Vorsprung nützt uns nicht viel."

Herat zuckte die Achseln. „Wie sollte ich euch zu Zeit verhelfen?"

Aristoteles hörte die Verzweiflung in ihrer Stimme. Er

mußte sich zusammennehmen, um sein Mitleid zu unterdrücken. „Der Vater deines Gatten gehört zu den einflußreichsten Männern um Cäsar“, sagte er, ohne sie anzusehen. „Livius Felix ist sein einziger Sohn, und er liebt ihn abgöttisch. Das weiß ganz Rom. Und Livius Felix schlägt *dir* keinen Wunsch ab.“

„Sag es deutlicher“, bat Herat hilflos.

Als Aristoteles weitersprach, klangen seine Worte wie Befehle: „Erzähle Livius Felix von unserem Zusammentreffen; dann fordere ihn auf, mit seinem Vater zu reden. Dieser soll PCC befehlen, Cyrans Flucht zu verschweigen. Capito, seine Gattin, seine Freigelassenen und Sklaven müssen überall behaupten, daß Cyran an der heiligen Krankheit gestorben sei. Dein Schwiegervater wird PCC erklären, daß diese Lüge für den Senator und dessen Leute lebensnotwendig ist. Cäsar würde Cyrans Flucht sehr hart bestrafen. Für Cyrans Tod trägt nur der Leibarzt die Verantwortung. Dem geschieht jedoch nichts, weil er fliehen wird, sobald wir ihn freilassen. Ich werde ihm sogar etwas Geld geben, damit er sich für die erste Zeit über Wasser halten kann.“ Aristoteles legte Herat die Hand auf die Schulter und fuhr eindringlich fort: „Einen Toten verfolgt niemand mehr, auch Cäsar nicht. So wird Cyran in Gallien vor römischen Spionen sicher sein. Er wird einen anderen Namen annehmen, bis bessere Zeiten für ihn und sein Land anbrechen. Das sagten Eins und Zwei vor ihrem Sterben. Ein zweiter und glücklicherer Vercingetorix soll er werden, sagten sie und taten, was sie dazutun konnten. Sie beschafften Geld, Waffen und unauffällige Kleidung für Cyran und mich. Sie besorgten zwei Plätze für uns auf dem Segelschiff eines gallischen Händlers. Es ankert im Hafen von Ostia und wird morgen mittag ablegen. Cyran und ich reiten noch heute. Mit deiner Hilfe, Herat, wird uns kein römisches Kriegsschiff verfolgen. Das ist alles.“

„Livius Felix!“ schrie Herat auf.

Aristoteles hielt ihr den Mund zu. „Ich weiß, daß du die richtigen Worte finden wirst“, sagte er ruhig. „Rede so bald wie möglich mit deinem Gatten.“ Er nahm die Hand von ihrem Mund und murmelte: „Verzeih.“

Herat atmete tief, dann reichte sie dem Griechen die Hand. „Gut“, versprach sie, „ich werde es tun. Mögen die Götter euch beistehen – und mir Kraft geben.“

Die Flucht

Herat war länger weggeblieben, als sie gedacht hatte. Livius Felix suchte sie bereits. „Jupiter sei Dank!“ rief er, als sie wiederkam.

„Aber, aber“, sagte sie lächelnd. „Ich war doch nur ein bißchen Luft schnappen.“

Die Haupttribüne hatte sich zur Hälfte geleert. Es gab nicht mehr viel zu sehen. Das Wichtige spielte sich jetzt auf dem Forum Romanum ab: für Cäsar im Tempel des Jupiter, für Vercingetorix im Tullianum, dem unterirdischen Verlies des Mamertinischen Kerkers.

„Mutter und Tanit sind nach Hause unterwegs“, erzählte Livius Felix. „Sie haben die Sänfte genommen. Mutter fühlte sich zwar besser, aber ich bestand darauf, daß Tanit sie begleitete.“

„Sehr schön“, sagte Herat. „Könnten wir zu Fuß gehen? Ich möchte einiges mit dir besprechen.“

Livius Felix war einverstanden.

Sie nahm seinen Arm und berichtete von Aristoteles und Cyran.

Livius Felix unterbrach sie nicht, sein Gesicht glich einer Maske. Er sagte auch nichts, als sie ihm den Plan des Aristoteles verriet.

Herat blieb stehen. Sie kniff die Daumen ein und dachte krampfhaft: Ich tu' es für Cyran!

Livius Felix sah an ihr vorbei.

„Du wußtest nicht, daß Cyran lebt", sagte sie, so ruhig sie konnte. „Du wurdest genauso getäuscht wie ich." Sag ja, Livius Felix! dachte sie verbissen. Sag ja, damit ich neben dir nicht verzweifle! Sag ja – auch wenn es gelogen ist!

„Du bist meine Gattin!" stieß er hervor. „Meine Domina! Geh nicht fort, bleib bei mir – bitte! Ich würde es nicht überleben."

Sie zwang sich zu einem Lächeln. „Wer sagt denn, daß ich fortgehe? Würde ich sonst zulassen, daß Cyran flieht?"

„Noch heute rede ich mit Vater", versprach er eifrig. „Du kannst beruhigt sein, alles wird gut werden. Mein Vater spricht heute abend mit PCC und sagt Cäsar Bescheid, sobald sich die Gelegenheit dazu bietet. Bis dahin entscheidet Vater sowieso für Cäsar. Es wird keine Verfolgung geben, und – wir bleiben für immer zusammen, ja?!"

„Ja", sagte Herat . . .

Am nächsten Tag fuhren Cyran und Aristoteles an Bord des gallischen Seglers den Säulen des Herkules zu. Kein römisches Schiff verfolgte sie.

Cyran war sehr einsilbig. Wenn er die Augen schloß, sah er Menschen um sich, die ihm nahegestanden hatten und die nun bei den Göttern waren: Herat und Tanit – Eins und Zwei, von deren Tod ihm Aristoteles berichtet hatte – und einen Mann, den er nie gesehen hatte und der ihm dennoch nahe war: Vercingetorix . . .

Zur selben Zeit fuhr der ehemalige Leibarzt des PCC nach Norden. Ein Bauer nahm ihn auf seinem Ochsenkarren mit.

Ein weiter Weg lag vor dem Flüchtigen. Er wollte in seine griechische Heimat zurückkehren, dort unter falschem Namen eine Praxis eröffnen, Geld scheffeln und heiraten. Die Beschwerden der Reise waren immer noch sanft gegen das, was ihn erwartet hätte, wenn er dem Senator Capito nach Cyrans Flucht unter die Augen getreten wäre.

Hin und wieder tastete er verstohlen seine Kleidung ab. Dabei schmunzelte er jedesmal vor sich hin. Er freute sich, daß er zu jeder Zeit mit allem gerechnet und stets für Unvorhergesehenes vorgesorgt hatte. In die Kleidung waren seit langer Zeit Gold- und Silberstücke eingenäht, ehrlich verdientes Geld, für das Bäuerlein neben ihm ein Vermögen. Die paar Münzen, die ihm Aristoteles in die Hand gedrückt hatte, waren ein Trinkgeld dagegen.

Die Zukunft sah rosig aus. Was bedeuteten da schon tausend Meilen . . .

Zwei Jahre später

An den Iden des März (nach unserer Zeitrechnung am 15. März des Jahres 44 vor Christus) ermordeten Verschwörer den Heerführer und Staatsmann Gaius Julius Cäsar im Hause des römischen Senats. Zu den Attentätern gehörte Cäsars Adoptivsohn Marcus Junius Brutus. Die Verschwörer wollten verhindern, daß Cäsar, der nun mächtigste Mann, zum Imperator (zum Alleinherrscher über das römische Imperium) aufstieg.

Die Kunde davon schlug wie ein Blitz aus heiterem Himmel ein und verbreitete sich wie ein Lauffeuer.

„Mein gutes Geld, das ich ihm geliehen habe, ist verloren!" jammerte PCC. „Und die Verwaltung einer Provinz bekomme ich jetzt erst recht nicht!"

Seine Gattin, die Domina Tiberia Verena, nahm es gelassen. „Wir haben noch genug Geld, lieber Capito", sagte sie nüchtern. „Für Cäsar wird bald ein anderer nach oben steigen. Der braucht dann ebenfalls Leute, die er anpumpen kann. Du wirst ihm erhebliche Summen borgen, Senator."

„Und wieder verlieren?" schnaufte PCC.

„Aber nein", sagte die Domina. „Durch den Reinfall mit Cäsar bist du klüger geworden. Vom Neuen wirst du für jede geliehene Summe ein Pfand fordern. Er soll dir Stadthäuser überlassen oder Landgüter oder das Recht, in einer wohlhabenden Region Steuern einzutreiben; so lange, bis dein Darlehen mit Zins und Zinseszins zurückgezahlt ist."

PCC bewunderte seine Gattin ehrlich, und schon sah die Welt nicht mehr düster aus . . .

Völlig unbesorgt gab sich der Vater des Livius Felix, als er kurze Zeit nach dem Attentat Sohn und Schwiegertochter in deren Stadthaus besuchte. Dabei war er Cäsars höchster Stabsoffizier und Vertrauter gewesen!

Livius Felix und seine Gemahlin Horatia (so nannte sich Herat seit Cyrans Flucht) empfingen ihn verwundert.

Livius Felix war Offizier geworden und vor wenigen Tagen auf Urlaub nach Hause gekommen.

Nun erschien der Vater in voller Uniform und gab sich heiter!

Da staunten selbst Trajana (die vor Cyrans Flucht Tanit geheißen hatte) und der Magier Tothmes.

Der Besucher beruhigte alle. „Meine Freundschaft zu Cäsar zerbrach mit der Demütigung des Vercingetorix", erzählte er den Überraschten. „Ich verstellte mich zwar weiterhin. Im geheimen aber stieß ich zu den Verschwörern um Brutus. Morgen abend sind er und seine Freunde

Gäste in meiner Villa." Er nickte zuerst Horatia, dann Livius Felix zu. „Ich würde mich freuen, auch euch beide begrüßen zu dürfen..."

Reiterstafetten trugen die Kunde von Cäsars Tod in alle Provinzen des Reiches.

Auch nach Gallien, an den Hof des Fürsten Tac.

Dort geschah wenige Tage später Aufregendes. Ein junger Mann, der zwei Jahre lang unter dem Namen Yan bei einem Freund des Fürsten gelebt und als dessen Neffe gegolten hatte, kam zu Tac zurück, wurde von diesem in die Arme geschlossen und als „geliebter Sohn Cyran" begrüßt.

Mit ihm kam Aristoteles, der sich bisher in einem Bergdorf verkrochen hatte und von Tac heimlich unterstützt worden war. Der Fürst stellte ihn als Cyrans Retter vor und ernannte ihn zum Lehrer an seinem Hof.

„Cyran und Aristoteles verfolgt nun kein Cäsar mehr", sagte Tac bei dem festlichen Gastmahl, das er seinem Sohn zu Ehren gab.

Zwei der Geladenen waren Offiziere der römischen Besatzung. Sie gratulierten verlegen und lächelten gekünstelt.

Cyran und Aristoteles tranken einander zu. Dem verewigten Cäsar weinten sie keine Träne nach...

Wort- und Sachverzeichnis

Agraffe: Schmuckspange.

Ämter im alten Rom

a) Hilfsbeamte waren Amtsboten, Ausrufer, einfache Polizisten, Amtsschreiber und Lictoren, die hohen Beamten Rutenbündel (fasces) vorantrugen, die um Beile gebunden waren. Die Fasces versinnbildlichten die Macht des Beamten über Leben und Tod römischer Bürger.

b) *Höhere und hohe Beamte* wurden in der Regel für ein bis zwei Jahre gewählt. Auf der ‚untersten Stufe' standen die Quaestoren (wörtlich übersetzt „Ausfrager"). Sie waren zunächst Staatsbedienstete, die Angeschuldigte verhörten. Im Laufe der Zeit stiegen sie zu Finanz- und Urkundenverwaltern auf. – Das Aedilat war die nächste Laufbahnstufe. Aedile hatten Polizeibefugnisse, kontrollierten den Verkehr und sorgten für den (möglichst) reibungslosen Ablauf öffentlicher Spiele, zu denen die grausamen Schaukämpfe in der Arena des ‚Circus Maximus' gehörten. – Volkstribunen, die (wie der Name sagt) vom einfachen Volk (den Plebejern) gewählt wurden, durften Gesetze einbringen und konnten durch ihr „Veto" Beschlüsse des Senates blockieren. – Praetoren waren Gerichtsvorsitzende und übten besondere Macht in Kriegszeiten aus (Kriegsgerichte!). – Proconsuln verwalteten römische Provinzen. – Consuln waren als gewählte „Regenten" Gesetzgeber, Kriegsminister und Oberpriester. (Was Cäsar betrifft, durchbrach er den Ein-Jahres-Rhythmus.) – Die eigentliche Macht übte der Senat aus. Ihm gehörten 300 bis 600 Männer der oberen Gesellschaftsschicht an. Senatsbeschlüsse waren Gesetz, nur das Veto der Volkstribunen stand dagegen. Die Senatorenwürde vererbte sich vom Vater auf den Sohn. (Wie sich Cäsar langsam, aber sicher über den Senat erhob, zeigt meine Geschichte.)

Besondere Vollmachten gab es in Katastrophenzeiten für den vom Senat bestimmten Dictator. Er übte (auf sechs Monate beschränkt) die alleinige Befehlsgewalt über Heer und Verwaltung aus. (Für Cäsar gab es da schon wieder Ausnahmen.)

Albaner Berge heißt das Bergland südöstlich von Rom. Es ist vulkanischen Ursprungs und gipfelt in 956 m Höhe.

Alesia: gallischer Schlachtenort, ist heute Alise in Frankreich (nahe Dijon).

Argusaugen möchten alle Detektive haben. Argus ist ein Riese aus der griechischen Sagenwelt. Er hatte hundert (!) Augen. Der Göttervater Zeus (römisch: Jupiter) stellte ihn als Wächter an.

Aristoteles lebte von 384 bis 322 vor Christus, war ein griechischer Philosoph und Erzieher Alexanders des Großen.

Arverner waren ein keltischer Volksstamm in Gallien.

ave ist lateinisch und bedeutet: „Sei gegrüßt".

Brundisium (heute Brindisi) ist eine südostitalienische Hafenstadt an der Adria (am italienischen „Stiefelabsatz").

Brutus Marcus Junius war (wie es in Geschichtsbüchern heißt) Cäsars Adoptivsohn und (mit Cassius zusammen) Hauptanführer der Verschwörung gegen Cäsar. Nach dessen Ermordung dauerte der Triumph der Attentäter nicht lange. Cäsars Nachfolger, das Triumvirat („Dreimänner-Gespann") Marcus Antonius, Octavianus und Lepidus, bekämpften die Cäsarmörder und schlugen das Heer des Brutus und seines Freundes Cassius in der Schlacht bei Philippi (in Griechenland) 42 v. Chr. Brutus und Cassius töteten sich selbst.

Cäsar (Gaius Iulius Caesar) lebte von 100 bis 44 v. Chr. Er entstammte dem angesehenen Geschlecht der Iulier, dessen Schutzherrin die Göttin Venus war. Schon mit 19 Jahren erwarb er sich als Offizier in Kleinasien eine Tapferkeitsauszeichnung. 63 v. Chr. wurde er Pontifex Maximus, 59 Consul. Von 58 bis 51 eroberte und „befriedete" er mit seinen Legionen Gallien (das heutige Frankreich und Belgien). Den Aufstand unter der Führung des Vercingetorix ließ er blutig niederschlagen. In seinem Buch „De bello Gallico" („Der gallische Krieg") schrieb er darüber. Auch da zeigt er sich als Meister. Er schildert die Gallier als unheimlich stark, fürchterlich tapfer und beinahe unbezwingbar, um seinen Sieg über dieses gefährliche Volk besonders großartig erscheinen zu lassen. Weil er darüber hinaus auch noch „ganz nach oben" wollte, verschworen sich Brutus und dessen Freunde gegen ihn. Sie wollten die römische Republik erhalten und keinen Kaiser als Alleinherrscher. Sie hatten auch kein Verständnis dafür, daß sich der zweiundfünfzigjährige Cäsar in die ägyptischen Thronstreitigkeiten einmischte und sich in die blutjunge Königin Kleopatra verliebte. Als der Senat den beinahe allmächtigen Feldherrn auch noch zum Dictator für zehn Jahre ernannte (46 v. Chr.), war das Maß voll. Zwei Jahre später lief es über. Da bestellte der Senat Cäsar zum „Dictator perpetuus", zum Alleinherrscher auf Lebenszeit! Brutus und seine Mitverschworenen schlugen zu. An den Iden des Martius (am 15. März) 44 starb Gaius Iulius Caesar im Hause des römischen Senats unter den Dolchstichen der Verschwörer. Nach seinem Tode gab es Krieg.

Cyrenaika ist eine Landschaft in Ostlibyen; seit 74 v. Chr. römische Provinz.

Delphisches Orakel: In Delphi, einem heiligen Ort im antiken Griechenland, sagte Pythia, die Priesterin des Gottes Apollon, Ratsuchenden die Zukunft voraus. Die Seherin saß auf einem Dreifuß über einer Erdspalte, der vulkanische Dämpfe entströmten. Was sie im Dahindämmern murmelte, galt als Weissagung. (Meist waren die „Orakelsprüche" zweideutig und stimmten, je nach Auslegung, immer. – Vergleiche die Horoskope von heute.)

Domina ist lateinisch und bedeutet „Herrin".

Dormitorium, ebenfalls lateinisch, heißt Schlafraum.

Druiden waren keltische Priester. (Über ihr Wissen und ihre Macht habe ich in meinem Buch „Die Stadt der Pferdegöttin" ausführlich geschrieben.)

Forum hieß der Marktplatz in römischen Städten. Das Forum Romanum war der Hauptplatz im alten Rom.

Gallien: Land der Gallier. Sie waren aus dem Osten eingewanderte Kelten. Um 200 v. Chr. unterwarfen römische Heere die Gallier, die sich in Oberitalien angesiedelt hatten, und machten ihr Gebiet zur Provinz „Gallia Cisalpina". – „Gallia Transalpina", das heutige Frankreich und Belgien, eroberten Cäsars Legionen (58 – 51 v. Chr.).

Gergovia: gallischer Schlachtenort, ist heute Gergovie in Frankreich (nahe St. Etienne und Clermont-Ferrand).

Gladiatoren waren „Show-Fechter" in Kampfspielen. Zum Vergnügen der Zuschauer kämpften sie auf Leben und Tod.

Götter: Oberhaupt der römischen Götterfamilie, Beschützer der Stadt Rom und des Römischen Reiches, Blitzeschleuderer und Siegspender im Kampf ist Jupiter (Iupiter). Mit seiner Gemahlin Juno (Iuno), der Beschützerin der Familie, und seiner Tochter Minerva, der Göttin der Wissenschaft, der Kunst und des Handwerks, bildet er die „Capitolinische Trias" (die Dreiergemeinschaft, die die Stadt Rom gemeinsam beschützt). – Von den vielen anderen Göttern seien hier genannt: Mars, der Kriegsgott; Venus, die Göttin der Liebe und Schönheit; Apollo, Gott der Künste und Beschützer vor Krankheiten; Mercurius, Götterbote, Schutzherr des Handels, des Verkehrs und der Diebe; Äsculap (Aesculapius), Gott der Ärzte und der Heilkunst; Diana, Göttin der Jagd und Beschützerin der Frauen; Neptun (Neptunus), Gott des Meeres und der Schiffahrt ... (Keltische Götter: siehe „Stadt der Pferdegöttin").

Haus und Wohnung: Das römische Wohnhaus (der Begüterten) besticht durch sein „Innenleben". Nach außen wirkt es wie eine Burg. Die Mauern umgeben eine Welt für sich: mit Wohnräumen, dem Atrium und einem Säulenhof mit Garten. Den Zugang bildet das Vestibül (Vestibulum), die Eingangshalle. Anschließend betritt man das Atrium. Die Öffnung im Dach läßt Regenwasser einströmen, das in einem Bodenbassin gesammelt wird. Links und rechts befinden sich Wohn-, Aufenthalts- und Schlafzimmer. Ein überdeckter Empfangsraum, oft von der Küche flankiert, führt in den Säulenhof (Peristyl), der einen Garten umschließt. Hier ein Grundriß:

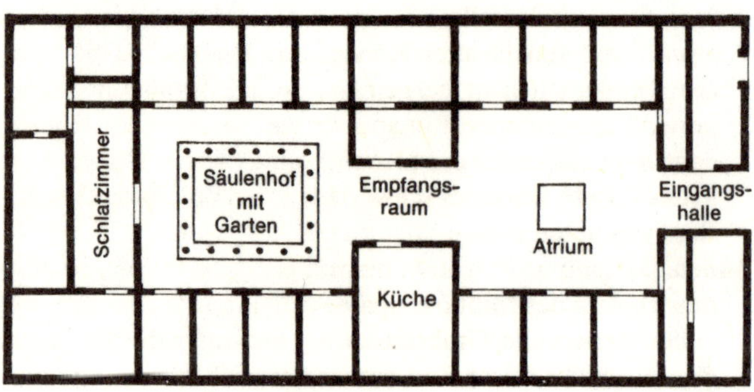

Anders die „Insula“ (wörtlich „Insel“), das mehrstöckige städtische Mietshaus. (Ich habe es in dieser Geschichte beschrieben.) Oft befanden sich im Erdgeschoß Geschäftsräume. Zweck der Insula (in der Regel): dem Vermieter Geld einzubringen, so lange sie (mit möglichst wenigen oder gar keinen Reparaturen) stehen blieb.

Heilige Krankheit („von den Göttern geschickt“) nannte man epileptische Krämpfe und in Abständen wiederkehrende Tobsuchtsanfälle. Die Heilungs-Chancen für diese Krankheit waren gering.

Iberer hieß die vorindogermanische Urbevölkerung der Iberischen Halbinsel (heute Spanien und Portugal). Im ersten vorchristlichen Jahrhundert vermischten sich die Iberer mit zugewanderten Kelten.

Imperator war im antiken Rom zunächst der Titel für siegreiche Feldherrn; später die Bezeichnung für „Kaiser“ (als Alleinherrscher).

Kappadokien: frühgeschichtliche Region in Kleinasien (in der heutigen Türkei)

Kleopatra (69 – 30 v. Chr.) war Verbündete und Geliebte Cäsars, der ihr in Thronstreitigkeiten geholfen hatte. Sie residierte in der damaligen ägyptischen Hauptstadt Alexandria (nahe der Nilmündung ins Mittelmeer). Nach Cäsars Tod verband sie sich mit Marcus Antonius, der Cäsar rächen wollte. Als er im Bürgerkrieg unterlag, beging sie mit ihm zusammen Selbstmord. Ihr Bild wird immer wieder anders gezeichnet. Manche Historiker schildern sie als bezaubernd schön, andere als beinahe häßlich, aber faszinierend. Interessant war sie jedenfalls.

Lateinisch redeten die alten Römer. Ihre Sprache hat mit unserem Schullatein nicht viel gemeinsam. Im Mittelalter „verfeinerten“ sogenannte Humanisten die Sprache der Römer, dann kam auch noch das „Kirchenlatein“ dazu. Publius Cornelius Capito würde es schwerfallen, sich in einem Gymnasium von heute verständlich zu machen.

Marsfeld (Campus Martius): ursprünglich Exerzier- und Aufmarschplatz des Militärs. Später ließen reiche römische Familien prunkvolle Grabstätten am rechten Tiberufer anlegen. Nach der Cäsar-Zeit entwickelte sich die ursprünglich verrufene Gegend zu einem glanzvollen Stadtviertel mit Theatern, vornehmen Lokalen und teuren Geschäften.

Meile: altrömisches Wegemaß; „milia passuum" (tausend Doppelschritte): 1480 m

Militär (zu Cäsars Zeit): Eine Legion bestand aus 4500 bis 6000 Mann. Sie gliederte sich in 10 Cohorten, die Cohorte in 3 Manipel, die Manipel in 2 Centurien. Ein Centurio befehligte also etwa 100 Mann; ein Decurio (Gruppenführer) zehn. Die Militärdienstzeit dauerte in der Regel 20 (!) Jahre.

Muräne: aalförmiger Raubfisch, wird zwischen 1 bis 2½ m lang. Der Biß ist giftig. Die Mittelmeer-Muräne gilt als sehr schmackhaft. Altrömische Schlemmer züchteten sie in Fischteichen.

Namen waren „Steckbriefe". Der volle Name eines römischen Bürgers bestand aus dem Vornamen (der ihm allein gehörte), dem Sippen- oder Geschlechternamen (der seine Abstammung verriet) und einem Beinamen (der auf persönliche oder von Vorfahren ererbte Eigenheiten hinwies). „Publius Cornelius Capito" sagt z. B. aus, daß der Mann Publius heißt, dem Geschlecht der Cornelier entstammt und daß er oder einer seiner Ahnen einen mächtigen Kopf hatte. („Capito" bedeutet „Großkopf". – „Postumus" heißt „der Nachgeborene".)

Narde: wohlriechende Pflanze, die zur Herstellung von Salbölen verwendet wurde.

Ostia war der Hafen der Hauptstadt Rom an der Tibermündung. Heute liegt Ostia nicht mehr am Meer.

Papyrus und Pergament sind Vorläufer des Papiers. Papyrus wurde aus gepreßten Pflanzenteilen gewonnen, Pergament war feingegerbtes Leder. Nachrichten übermittelte man auch auf Wachstäfelchen, in die Schriftzeichen mit einem Metallgriffel eingeritzt wurden.

Pontifex Maximus: Oberster Priester; wurde später von den Päpsten als Titel übernommen.

Porta heißt „Tor"; Porta Salutaris = „Tor des Heiles"

Rom zu Cäsars Zeit: siehe Skizze Seite 188

Sabiner Berge (italienisch „Monti Sabini"): Bergland nordöstlich von Rom; höchste Erhebung 1268 m. Den Namen gaben ihnen die Sabiner, ein altitalischer Volksstamm.

Säulen des Herkules hießen im Altertum die Felsen an der Meerenge von Gibraltar.

Spelt: robuste Weizenart, früher viel weiter verbreitet als heute. (Gilt jetzt – wie so manches Einfache – als „Delikatesse"; wird meist unreif geerntet und als „Grünkern" geschätzt.)

Toga: knöchellanges Gewand freier römischer Bürger, das über der Tunika getragen wurde.

Tunika: hemdartiges Wollgewand.

Vercingetorix (Betonung auf der Silbe „ge"): 72 – 46 v. Chr.: führte als Fürst der Arverner den letzten großen Aufstand der Gallier gegen die Römer an. Der Aufstand wurde 52 niedergeschlagen, Vercingetorix als Gefangener nach Rom gebracht und im Jahre 46 (nach Cäsars Triumphzug) im Tullianum (dem unterirdischen Verlies des Mamertinischen Kerkers) hingerichtet.

Via heißt „Straße". Wichtige altrömische Heerstraßen waren u.a. die Via Appia (die aus Rom nach Südosten führte), die Via Flaminia (nach Norden), die Via Salaria (nach Nordosten) und die Via Ostiensis (westwärts zum Hafen Ostia).

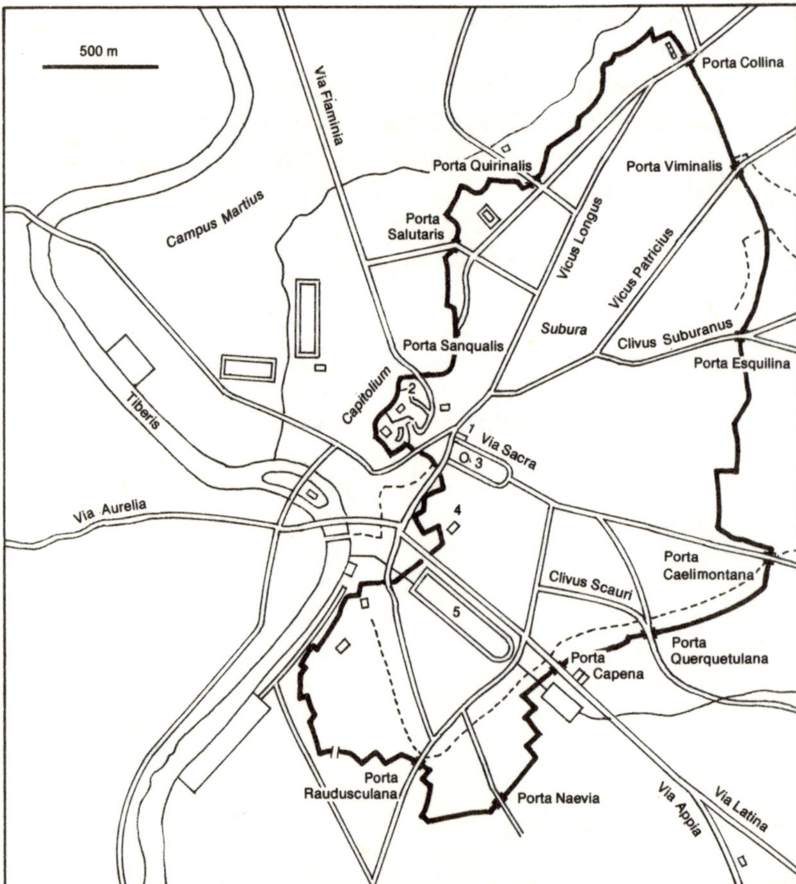

Rom zur Zeit der Republik

Servianische Mauer (318 v. Chr. erbaut)

Straßen

1 Tempel des Capitolinischen Jupiter

2 Kerker (Tullianum)

3 Tempel der Vesta

4 Tempel des „Siegers Jupiter"

5 Circus Maximus

Liebe Mädchen und Jungen,

ich würde mich freuen, von der (dem) einen oder anderen von Euch einen Brief zu bekommen. Schreibt mir, was Ihr über die Geschichte denkt. Vergeßt bitte nicht, Eure Adresse anzugeben. Und wenn Ihr lieb seid, dann legt Ihr eine Briefmarke als Rückporto bei. Dafür verspreche ich, Euch ganz bestimmt zu antworten.

Euer
Josef Carl Grund
Trierer Straße 176
8500 Nürnberg 50